ハンディシリーズ
**発達障害支援・
特別支援教育ナビ**
柘植雅義◎監修

高橋知音 編著

発達障害の ある大学生 への支援

- 高橋知音
- 近藤武夫
- 村山光子
- 工藤陽介
- 西村優紀美
- 福田真也
- 坂野尚美
- 岩田淳子
- 小貫 悟
- 重留真幸
- 村田 淳
- 水野 薫
- 丸田伯子

金子書房

「発達障害支援・特別支援教育ナビ」の刊行にあたって

　2001年は，新たな世紀の始まりであると同時に，1月に文部科学省の調査研究協力者会議が「21世紀の特殊教育の在り方について〜一人一人のニーズに応じた特別支援の在り方について〜」という最終報告書を取りまとめ，従来の特殊教育から新たな特別支援教育に向けた転換の始まりの年でもありました。特に画期的だったのは，学習障害（LD），注意欠如多動性障害（ADHD），高機能自閉症等，知的障害のない発達障害に関する教育の必要性が明記されたことです。20世紀の終わり頃，欧米などの他国と比べて，これらの障害への対応は残念ながら日本は遅れ，国レベルでの対応を強く求める声が多くありました。

　しかし，その2001年以降，取り組みがいざ始まると，発達障害をめぐる教育実践，教育行政，学術研究，さらにはその周辺で深くかかわる福祉，医療，労働等の各実践，行政，研究は，今日まで上手い具合に進みました。スピード感もあり，時に，従来からの他の障害種から，羨望の眼差しで見られるようなこともあったと思われます。

　そして14年が過ぎた現在，発達障害の理解は進み，制度も整い，豊かな実践も取り組まれ，学術研究も蓄積されてきました。以前と比べれば隔世の感があります。さらに，2016年4月には，障害者差別解消法が施行されます。

　そこで，このような時点に，発達障害を巡る種々の分野の成長の全容を，いくつかのテーマにまとめてシリーズとして分冊で公表していくことは非常に重要です。そして，発達障害を理解し，支援をしていく際に，重要度の高いものを選び，その分野において第一線で活躍されている方々に執筆していただきます。各テーマを全体的に概観すると共に，そのテーマをある程度深く掘り下げてみるという2軸での章構成を目指しました。シリーズが完成した暁には，我が国における発達障害にかかわる教育を中心とした現時点での到達点を集めた集大成ということになると考えています。

　最後になりましたが，このような画期的なアイデアを提案して下さった金子書房の先見性に深く感謝するとともに，本シリーズが，我が国における発達障害への理解と支援の一層の深まりに貢献してくれることを願っています。

2014年9月

シリーズ監修　柘植雅義

Contents

第1章 発達障害学生支援の考え方
.... 高橋知音　2

第2章 合理的配慮の考え方
.... 高橋知音　9

第3章 発達障害のある学生へのカウンセリング
.... 岩田淳子　20

第4章 高等教育へのアクセスを実現する支援技術
.... 近藤武夫　30

第5章 大学への適応と就労に向けた
ライフスキルトレーニング
.... 小貫　悟・村山光子・重留真幸・工藤陽介　41

第6章 大学での当事者グループの運営
.... 村田　淳　52

第7章 実習場面での支援
西村優紀美・水野 薫　62

第8章 受診と診断をどう考えるか
福田真也　73

第9章 支援が難しい事例への対応
── 未診断の学生への支援など
丸田伯子　83

第10章 発達障害のある留学生への支援
坂野尚美　94

第1章

発達障害学生支援の考え方

高橋知音

1 はじめに

　本書で目指すのは，発達障害のある大学生への支援の具体的方法を紹介することである。読者としては高等教育機関における教職員，支援者を想定している。大学生活の中で十分に力を発揮することができないでいる学生たちに，どのような支援が提供できるか，すべきかについて考える手がかりを提供することをねらいとしている。

　本書は発達障害のある大学生への支援について幅広くカバーしているが，大学進学を目指す高校生等に向けての進路支援，新入生への移行支援については扱っていない。このテーマに関しては，編者による『発達障害のある人の大学進学』（高橋, 2014）に詳しく紹介してあるので参照してほしい。また，就職に向けての支援についても，主たるテーマとしては取り上げていない。こちらは，本シリーズの『発達障害のある人の就労支援』（梅永, 2015）に大学での取り組みの紹介や，就労支援の現状について詳しく紹介されているのでそちらを参照してほしい。

2 高等教育における発達障害学生の在籍状況

　2014年度に高等教育機関（短大，高専を含む）が把握していた発達障害学生数は2,722人で，全学生数の0.09％にあたる（独立行政法人日本学生支援機構, 2015）。これは，発達障害の診断があることを大学に開示していた学生の数であり，実際にはもっと多く在籍していると思われる。この在籍率は専門領域によっても異なっていて，芸術系（0.17％），理学系（0.15％），人文科学系

(0.15％)の学部で比率が高く，保健系（0.02〜0.03％），教育系（0.03％），家政系（0.04％）では低めになっている（高橋，印刷中）。芸術系と基礎学問系で高く，対人的な専門職を養成する学部では低い。保健系や教育系は，比率としては低いが，学外実習が卒業要件となっている場合が多く，支援の課題が大きい領域でもある。学外実習での支援については，本書の第7章で詳しく取り上げている。

　学生支援機構の調査では，発達障害をLD（学習障害／限局性学習症），ADHD（注意欠陥多動性障害／注意欠如・多動症），高機能自閉症等（ASD，自閉スペクトラム症），重複という4カテゴリーに分けているが，その人数比を見るとASDが7割以上となっており，LDは約4％と少ない（高橋，印刷中）。この背景には，直接的でない表現を多用し，相手の意図をくみ取ることが期待される日本的コミュニケーションスタイルという文化的要因もあるだろう。この環境でうまくやっていくことは，ASDのある人たちにとって難しい課題であり，人数の多さの一因となっていると考えられる。

　ADHDが主たる診断となっている学生の割合は1割強である。ADHDに関しては，社会的能力が高いと，周囲に助けられながら生活面での失敗をうまく補ったり防いだりすることで，フォーマルな支援がなくても大学生活をうまくこなしている場合が少なくないようである（岩渕・高橋，2013）。一方，情緒的不安定さがある場合，対人関係の苦手さがある場合は，二次的障害が顕著になるケースも見られる。こういった形で支援につながっている場合，発達障害のある学生として大学から認識されていない可能性も高いと思われる。

　LDの診断がある学生の数はきわめて少ない（2014年度の実数は114名）。これは，小中学校における，発達障害が疑われる児童生徒に占める学習関連の問題の割合（5割強）と比較しても極端に小さい数であることがわかる。この理由として，欧米の言語と異なる日本語の特性，読み書きに困難がある学生の進学の難しさなども考えられるが，読み書きに多少困難があっても，行動面の問題が目立たない場合は支援対象となりにくいこと，成人期を対象に利用可能な読み書きの評価ツールの少ないことも要因として考えられる（高橋，2015）。支援対象障害学生に関する統計を見ると，アメリカではLDが最も大きな障害カテゴリーの一つであることから，LDのある留学生の数も増えていくと思われ

る(第10章参照)。支援者がLDについて理解を深めることは,今後の課題の一つであると言える。

3 支援の枠組み——大学における学生支援の専門部署と学外専門機関

　初等中等教育における発達障害のある児童生徒への支援は主に特別支援教育の枠組みで行われるが,高等教育に特別支援教育はない。高等教育における障害学生支援は,学生支援の中に位置づけられる。対象となる学生の特別なニーズの大きさによって,学生支援サービスを分類すると図1-1のようになる。

　大学の規模が大きく,学生支援にかけられる予算が多ければ,専門の部署を作り,専任スタッフを配置し,より高度なサービスを提供することが可能になる。学生支援に関する予算規模が小さくなると,限られた数の教職員が多くの役割を担うことになり,専門的なサービスを提供することは難しくなる。

　規模の小さな大学にも,教職員がお互いのことをよく知っていて,学生に関する情報共有が比較的容易であるという強みがある。それを活かしつつ,学内で提供することが難しい専門的な支援は,学外の専門機関を活用することも必要になるだろう。たとえば,発達障害の診断があり,障害枠での就労を目指している学生の場合,早い段階から障害者職業センター,障害者就業・生活支援

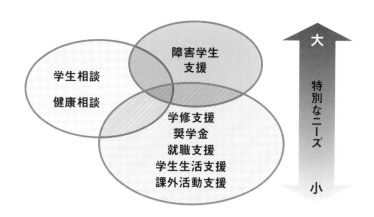

図1-1　特別なニーズの大きさと学生支援サービス

センターなど，障害のある人の就労支援を提供する専門機関の利用を勧めると良い。近年，発達障害や精神障害のある高学歴の人の就労支援を行う民間事業者（NPO法人や企業）も増えてきている。大学が提供できる支援は基本的に在学生を対象としていることから，仮に卒業後すぐに就職が決まらないとしても，本人の状況を理解し，継続的に将来の希望実現に向けて協力してくれる支援者とつながり続けることは重要である。卒業後の生活を見すえ，在学中から学外の専門機関と連携していくことは，大学の予算規模に関わらず，考慮すべきである。

4 発達障害学生支援の担い手と支援の概要

　発達障害のある学生への支援は1990年代から報告があるが，支援の担い手は保健部門（保健管理センター等）や学生相談部門が中心であった（須田ほか，2011）。支援の担い手として近年増えているのが，障害学生支援部門である。「障害を理由とする差別の解消の推進に関する法律（障害者差別解消法）」の施行を契機として，障害学生支援の専門部署を設置する大学が増えている。障害学生支援部門が設けられている場合，その業務の中心は合理的配慮のアレンジである。合理的配慮については第2章で詳しく紹介するが，法律で義務づけられるなど，コンプライアンス（法令遵守）の問題という側面も持つという点で，他の学生支援サービスとは異なる性質も持つ。

　障害学生支援の具体的内容としては，他に支援技術（第4章）の利用法指導，ライフスキルトレーニング（第5章），自助グループ（第6章）などがある。これらは，障害学生支援部門で提供される場合もあるが，学生相談室等，他の学生支援部署が提供することもある。

　学生相談部門で提供される支援の中心はカウンセリングであるが，担当者の経験や専門性，大学内の位置づけにより，提供される支援は多様である。発達障害のある学生へのカウンセリングで留意すべきポイントについては，第3章に詳しく紹介されている。現状では障害学生支援室を設置している大学が1割強（2013年度；独立行政法人日本学生支援機構，2015）であるのに対し，臨床心理士または大学カウンセラー（日本学生相談学会）の資格を持ったカウン

セラーを配置している大学は9割程度ある（独立行政法人日本学生支援機構，2014）。発達障害のある学生への支援において，学生相談カウンセラーが中心的役割を担っている場合も少なくないだろう。

　保健管理センター等大学の保健部門は，医療的支援を提供するが，大学という教育機関に位置づけられていることから，一般の医療機関とは異なり，環境調整的機能もある程度は有している。障害の状態によっては，体調を安定させるために服薬が必要な場合もある。そのようなケースでは学外の医療機関の受診が必要となる。

　ここまで述べてきた三つの学生支援専門部署に加え，一般の教職員も重要な役割を担っている。日常的に関わる教職員のちょっとした配慮は，学生が大学での生活をスムーズに進める上で不可欠である。大学生活の中で困っている学生がいた場合，障害の有無にかかわらず，教職員は声をかけ，必要があれば相談に乗る。これは教育機関のスタッフとして当然の対応である。障害学生支援の専門部署がなくても，学生支援の専門スタッフがいなくても，多くの発達障害のある学生がこれまで大学生活を乗り切ってきている。これは，一般の教職員のていねいな教育的対応に支えられてのことであろう。その重要性は，法律で合理的配慮が義務化されたとしても変わるものではない。

　発達障害のある学生への支援は，専門部署を設けて専任スタッフを配置すればうまくいくというものではない。障害のある学生が権利として受けられる障害学生支援の枠組み，障害の有無にかかわらず利用可能な専門的相談，そして，すべての教職員に期待される教育的対応や指導が一体となって，初めて学生に

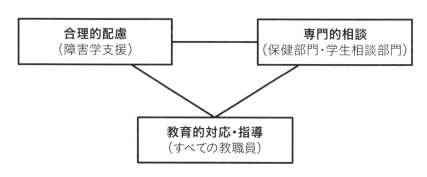

図1-2　発達障害学生支援の3つの枠組み

とって学びやすい環境が実現すると言える（図1-2）。

5 診断のない学生，障害があることを開示しない学生

　障害学生支援の枠組みで考えたとき，発達障害が他の障害と異なる点の一つは，専門家から見ると発達障害の傾向は見られるが，本人は障害に関する認識を持ってない場合があるということである。本人が大学生活上の困難を障害によるものとは考えていない場合，合理的配慮の対象とはならない。障害に関する診断がなくても，保健部門や学生相談部門の専門的な学生支援サービスは利用できる。相談によって困難状況が改善できるのであれば，あえて合理的配慮という枠組みを持ち出す必要はない。診断を受けるべきかどうかの考え方は第8章に紹介されている。

　また，過去に診断を受けていたとしても，その情報を開示したくない場合もあるだろう。その場合，問題の解決に向けた相談に加え，情報を開示するかどうかについても相談することができる。障害に関する情報を開示するかしないか，するとしたらどのように開示するかについて考えることは，学生が自分の人生を主体的に生きていく上で重要なテーマとなる。

　発達障害のある学生と同様の行動特徴があっても，本人に困り感がない場合は，「支援」という枠組みでは関わりにくい。また，同様の行動特徴を示しつつ，他責的で攻撃性が強い場合には，周囲が困るケースもある。うまくいかない原因を他者に求めれば，そもそも「支援」という枠には乗ってこない。第9章では，事例を通して周囲が困る場合についての対応の考え方がまとめられている。これらのケースでは，図1-2で言う専門的相談にもつながりにくい。ここで重要なのは教育的対応・指導になってくる。ルールを明確に提示し，そのままでは期待した結果は得られないこと，ルールに反しているので行動を改める必要があることなどを具体的に伝える必要がある。その際に，「うまくいっていない状況について相談に乗る」という姿勢を示すことも重要である。

　発達障害のある学生は，仮に同じ診断があったとしても，一人ひとり状況が大きく異なっている。大学は，社会に出る前の最後の教育機関として，学生対応の三つの枠組みを組み合わせ，学生が卒業後の長い人生を生きていく力をつ

ける環境を提供することが求められている。

【引用文献】

独立行政法人日本学生支援機構（2014）大学等における学生支援の取組状況に関する調査（平成 25 年度）．

独立行政法人日本学生支援機構（2015）大学，短期大学及び高等専門学校における障害のある学生の修学支援に関する実態調査結果報告書．

岩渕未紗・高橋知音（2013）ADHD のある大学生への学生生活支援　精神科治療学 , 28, 325-330.

須田奈都実・高橋知音・森光晃子・上村恵津子（2011）大学における発達障害学生支援の現状と課題　心理臨床学研究 , 29, 651-660.

高橋知音（2014）発達障害のある人の大学進学—どう選ぶか　どう支えるか　金子書房．

高橋知音（2015）高等教育機関での発達障害学生支援における課題　CAMPUS HEALTH, 52, 21-26.

高橋知音（印刷中）発達障害学生への支援状況　独立行政法人日本学生支援機構　大学，短期大学及び高等専門学校における障害のある学生の修学支援に関する実態調査分析報告，pp. 36-67.（公開は 2017 年予定）

梅永雄二（2015）発達障害のある人の就労支援（ハンディシリーズ　発達障害支援・特別支援教育ナビ）　金子書房.

第2章

合理的配慮の考え方

高橋知音

1 はじめに

　合理的配慮は障害の社会モデルに則った支援の枠組み，考え方であり，国連の「障害者の権利に関する条約（障害者権利条約）」等にも示されている法律用語でもある。公的機関は提供義務を負うなど，他の学生支援サービスとは異なる側面も持つ。本章では，発達障害のある学生の支援において重要な要素の一つとなっている合理的配慮について詳しく説明する。

2 合理的配慮の制度的背景

　高等教育機関において，障害のある学生への合理的配慮の提供が義務化された背景について整理してみよう（表2-1・次頁）。合理的配慮の提供は，「障害を理由とする差別の解消の推進に関する法律（差別解消法）」の施行によって義務化された。この法律は，障害者権利条約を批准するために進められた国内法整備の一環として制定された。差別解消法では，障害を理由とした不当な差別的取扱いを禁止するとともに（行政機関，事業者共に法的義務），合理的配慮の提供を求めている（行政機関は法的義務，事業者は努力義務）。

　また，差別解消を実現するために，行政機関等が事務・事業を行うに当たり遵守すべき服務規律の一環として定めることを求めたのが「対応要領」であり，国立大学でも制定が義務づけられた。私立大学は「事業者」であり，主務大臣である文部科学大臣が定める「対応指針」に沿って差別解消に取り組むことになった。差別の解消を実現するための政府の基本的な考え方は，2015年2月に「基本方針」として閣議決定されている。法律の趣旨や用いられた用語について

表2-1　障害者に関する制度改正

2006年	国連障害者権利条約採択
2011年	障害者基本法改正(定義の修正,差別の禁止など)
2013年	障害者差別解消法公布
2014年	国連障害者権利条約締結
2015年	内閣府→基本方針閣議決定 行政機関等→対応要領作成 主務大臣→対応指針作成
2016年	障害者差別解消法施行

の詳しい説明があり，参考になる。

3　障害と合理的配慮の定義

　合理的配慮とは何かを理解するためには，まず障害の定義を理解する必要がある。障害者権利条約では，障害（disability）は「機能障害（impairments）を有する者とこれらの者に対する態度及び環境による障壁（barriers）との間の相互作用」であり，それらの障壁が機能障害のある人の社会参加を妨げることで生ずると定義づけられている。ここで注目すべきは，「心身の機能の障害（impairment）＝障害（disability）」ではないということである。機能障害そのものではなく，周囲の人の態度や環境における障壁の存在が機能障害のある人の社会参加を妨げているとしたら，その態度や環境を「変えること」で，社会参加が可能になると考えられる。この「変更・調整」が合理的配慮の基本である。日本における「障害者」の定義は障害者基本法に示されているが，2011年に国連の定義に沿ったものに改正されている。

　障害者差別解消法では，合理的配慮は「障害者から現に社会的障壁の除去を必要としている旨の意思の表明があった場合において，その実施に伴う負担が過重でないとき」に社会的障壁を除去することと定義づけられている。たとえば，能力は高いのに書字障害ゆえにノートがうまくとれず，十分に学べていない学生の例を考えてみよう。この場合，手書きでノートを取らなければ十分な

学修が成立しないような授業のあり方が，その学生の「学び」への参加を妨げているととらえる。「ノートを取るべき内容を資料として配付する」という変更を行えば，その学生は授業に参加できるようになる。ここでは「資料の配付」が合理的配慮ということになる。

　合理的配慮の提供は，国公立大学では法的義務となり，私立大学は努力義務とされている。「努力義務」のニュアンスについては，内閣府の基本方針に詳しく記載されている。それによると，各事業者（私立大学）により自主的に取組が行われることが期待されるが，事業者が法に反した取扱いを繰り返し，自主的な改善を期待することが困難である場合など，主務大臣（文部科学大臣）は報告を求め，助言，指導もしくは勧告をすることができるとされている。このことから，学生からの要望が合理的配慮の範疇に入るような内容であれば，私立大学であっても提供することが原則と考えて良いだろう。

4 合理的配慮と公平性

　試験など公平性が重視される状況で，やり方を変更することがなぜ妥当と言えるのだろうか。以下のような例を考えてみよう。運動機能の障害で手先の不器用さがある学生がいて，マークシート形式の試験では，多くの学生に比べ塗りつぶしに2倍の時間がかかるとする。解答をマークする時間だけを計ってみたところ，多くの学生は10分程度かかるとすると，この学生は20分かかる。つまり，60分の試験なら，多くの学生にとって問題を読んで考える時間が50分程度であるのに対し，その学生は40分しか与えられていないことになる。試験で測ろうしている能力は，学生の理解度や知識量であって，マークシート塗りつぶし速度ではないはずである。多くの学生と同じやり方では，公平に評価される機会が与えられていないことになる。

　この状況で公平性を実現する方法は一つではない。たとえば，試験時間を10分延長する，マークの塗りつぶしをしてくれる補助者をつける，解答をチェック形式にするなどが考えられる。チェック解答とは，正解の数字にチェックをつければよいという解答形式であり，大学入試センター試験で「受験上の配慮」として実際に認められている方法である。

合理的配慮のやり方は一つではなく，学修の機会が確保されるのであれば，必ずしも学生からの要望通りにしなければならないわけではない。同等の効果が得られるならば，よりコストのかからない選択肢を提案することは現実的な対応と言える。たとえば，読字障害があるから試験で読み上げ補助者をつけて別室受験したいとの希望があったとき，試験問題を電子ファイル化して，読み上げソフトウエアの入ったタブレット端末を用いてヘッドフォンを使用しながら受験することにすれば，補助者も別室の準備も必要なくなる。

　一方，妥当とは言えない変更・調整もある。たとえば，先ほどのマークシート形式の試験で，当該の学生のみ試験問題を減らすという対応である。もし，削除された問題が，その学生にとってもっとも得意な問題だったとしたらどうだろうか。その学生は実力を発揮する機会を奪われることになる。また，試験の内容や時間は変更せずに，最後に得点を割り増す（下駄を履かせる）という対応も不適切である。文部科学省の有識者会議である「障がいのある学生の修学支援に関する検討会（文科省検討会）」の一次まとめには「評価基準を変えない」ということが明記されている。

5 合理的配慮の妥当性判断の考え方

　合理的配慮の内容が妥当かどうかを判断する上で，どのような点を考慮すべきだろうか。その観点を，差別解消法の条文，内閣府の基本方針等を参考に整理してみよう（表2-2・次頁）。また，それと関連させながら，学生が必要な配慮を受けられるようにする具体的対応の工夫についても紹介する。

(1) 意思の表明

　差別解消法の条文には，「障害者から現に社会的障壁の除去を必要としている旨の意思の表明があった場合」とある。合理的配慮の提供義務は，本人からの意思表明があって初めて生じるということである。しかし，発達障害のある学生においては，うまく配慮要請できない場合もあるだろう。その場合には，意思表明の仕方を支援することも期待されている。合理的配慮は就労場面でも提供されるものであり（障害者の雇用の促進等に関する法律），配慮要請するスキ

表2-2　合理的配慮が妥当かどうかを判断する観点

- 意思の表明がある
- 実施に伴う負担が過重でない
- 事業の目的・内容・機能に照らし，本来の業務に付随するものである
- 障害者でない者との比較において同等の機会の提供を受けるためのものである
- 教育・研究の目的・内容・機能の本質的な変更ではない
- 根拠資料がある
- 障害者，第三者の権利利益を侵害しない

ルを在学中に習得することは，卒業後の自立を考えても重要である。

　内閣府の基本方針を見ると，「意思の表明がない場合であっても，当該障害者が社会的障壁の除去を必要としていることが明白である場合には，(中略) 適切と思われる配慮を提案するために建設的対話を働きかける」ことも求められている。意思表明がなくても，明らかに修学上の困難が認められる場合，障害の有無にかかわらず「大丈夫か」と声をかければ，学生も相談しやすくなる。こうした声かけは教育的対応・配慮であり，心配な学生への働きかけは教育機関の一員として当然のことと考えることもできる。

　意思の表明をしやすくする他の方法として，質問紙調査の活用があげられる。発達障害に関しては，自記式の質問紙がいくつかあるが，筆者らのグループは症状を問うのではなく大学生活における困り感をたずねる質問紙を開発した（高橋，2012）。項目は発達障害のある人が経験しやすい困り感をもとに作られている。困っているという意思表明をした学生であれば，「相談に来ませんか」と声をかけやすい。ただし，この質問紙は障害のある学生を見つけ出すためのものではなく，困っている学生が支援につながりやすくするためのきっかけ作りのツールであるという点に留意する必要がある。

　配慮が必要な学生を大学が把握するための，より直接的な方法もある。新入生向けの提出書類のどこかに，大学生活において配慮が必要な場合に申告する

欄を設けておく。入学関係書類の中に，障害関係の相談窓口を明記しておくことも必要である。近年，特別支援教育の普及で，高校まで継続的に配慮を受ける生徒も増えつつある。そのような学生（および保護者）にとって，入学段階から相談窓口が明確になっていると不安が和らぐだろう。

（2）過重な負担

　合理的配慮が提供可能かどうかの判断の重要なポイントとなるのが「過重な負担」かどうかということである。たとえば，聴覚的記憶に弱さがあるので，授業後に5分程度，よく聞き取れなかった点について確認させてほしいといった要望であれば，それには対応すべきであろう。一方，集団の中では授業に集中できないので，15回すべての授業を1対1でやってほしいという要望に対しては，「負担が過重であるからできない」と言えるだろう。5分×15回であればOKで，90分×15回は過重だということは，その間のどこかに過重かどうかのラインがあるはずだが，これを明確に決めることは難しい。

　要望が90分×15回に近いところにある場合，同等の効果が期待される代替の方法を考えるということになるだろう。たとえば，集団の中で授業に集中できないということであれば，周囲が気になりにくい席を確保し，必要があればいつでも退出して良いということにしておく。さらに，授業を録画して，必要に応じて後で視聴して不十分な点を補うという方法が考えられる。また，出席自体が困難な場合，講義中心の授業であれば，授業を録画し，それを視聴した後，短時間の個別対応で理解を確認する機会を設けるといった対応が考えられる。もちろん，そのような変更を行う際も，それで学修の本質・内容が歪められることはないということが条件になる。

（3）本質的変更

　教育の目的・内容・機能の本質的な変更にあたるかどうかは，配慮の要望に応えられるかどうかにおいて重要な観点である。その判断は，コーディネーター，カウンセラー，医師といった障害に関する知識を持った専門スタッフだけではできず，授業担当教員の関与が不可欠となる。

　各授業には，授業を通して学生が修得すべき内容がある。それは変更できない

が，修得するための手段や評価方法にあたる部分であれば変更可能である（図2-1）。

たとえば，ディスカッションを重視する演習の授業において，ディスカッションで一言も発言しない学生に単位認定できるだろうか。もし，修得すべき内容としてディスカッションのスキルが設定されているなら，そのスキルが身についていることをまったく示せなければ単位認定はできないかもしれない。しかし，修得すべき内容は別にあり，それを修得する手段としてディスカッションが最も効果的であるから授業で用いているのだとしたらどうだろう。ディスカッションで発言することとは別の方法であっても，学生が学修の成果を示すことができれば，教員は単位を認定することが可能になる。

演習形式の授業では，発表やディスカッションが重要な要素であるが，発達障害のある学生で，それらを苦手とする者もいる。発表やディスカッションに関して合理的配慮になり得る変更の例を表2-3（次頁）にまとめた。

授業で修得すべき本質は，問い合わせがあってから考えるのではなく，外から見える形でシラバスに明記しておくことが望ましい。それは，学生が授業を選択する際の手がかりとなる。

授業レベルでの変更・調整が難しい場合，カリキュラムレベルでの変更を行

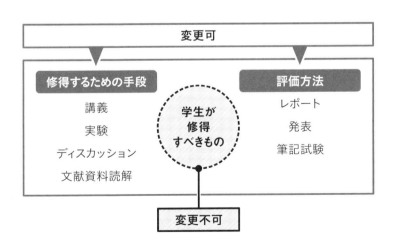

図2-1　授業で変更できる部分できない部分

表2-3 発表やディスカッションに関する合理的配慮の例

- ●他の学生の前で発表ができない
  - ➡発表のみ教員と1対1で行う
  - ➡発表を録画して、それを受講者が見る
  - ➡発表内容をタイプし、PCやタブレットの読み上げ機能で発表する

- ●ディスカッションに参加できない
  - ➡ディスカッションルールを明確化する
  - ➡発言者が発言のキーワードを模造紙やホワイトボードに筆記する
  - ➡e-Learningのシステム等を活用し、オンラインでディスカッションを行う

うこともあり得る。米国の例では、学習障害のある学生が必修の外国語の授業の履修を免除され、コンピュータ言語に関する科目や外国文化に関する科目を代わりに受講する場合がある。ただし、専攻のカリキュラムにおける中核的な科目の代替は難しい。たとえば教員免許の取得を目指している学生では、教育実習を講義科目で代替して免許を取得させることはできないだろう。教養科目を軽視する訳ではないが、カリキュラムレベルでの本質的変更となっているかどうか、という点が判断基準となる。

カリキュラムや学位授与の際にゆずれない本質を明文化したのが、カリキュラムポリシー、ディプロマポリシーである。これらは、科目の変更が可能かどうかの判断をする際のよりどころとなる。もし、よりどころとなるような形になっていないとしたら、これを機に見直すと良いだろう。

（4）根拠資料

文部科学省の検討会一次まとめでは、「他の学生との公平性の観点から、学生に対し根拠資料の提出を求め、それに基づく配慮の決定を行うことが重要である」と述べられている。合理的配慮が妥当なものであるためには、機能障害の種類と程度についての客観的な根拠があること、そしてその機能障害ゆえに①

授業のある側面が社会的障壁となり，学生が教育を受ける機会に制限が生じていること，もしくは②公平な評価が受けられない状態になっていることを示す必要がある。

一次まとめの中で示された根拠資料の例としては，「障害者手帳，診断書，心理検査の結果，学内外の専門家の所見，高等学校等の大学入学前の支援状況に関する資料」がある。一般的には医学的診断が重視されるケースが多い。しかし，診断だけでは十分な根拠とはならない場合がある。たとえば，多くの文章を読むことが求められる試験で配慮を求める際，読み障害の診断があれば，診断自体が配慮の根拠となり得るが，ASDやADHDの診断があっても，それは読むことに関する機能障害の根拠とはならない。多くの学生と比べて読むことが遅いということを客観的に示す必要がある。

試験等，厳格に公平さが求められる場面以外では，必ずしも詳しい検査を必要とするわけではない。また，試験であっても，高校時代や大学入試において配慮を受けた実績があれば，それ自体が根拠資料となるし，その内容に準じて配慮を認めてかまわないだろう。

とりわけ，外部機関に検査を依頼するような状況では，結果が得られるまでに時間がかかる場合もある。医療機関の受診を待っている間，学修が成立しないということがないよう，柔軟な対応も必要だろう。また，学生の負担を考えると，大学内で必要な検査が受けられるにこしたことはないが，それが難しい場合，外部機関との協力体制を整えておく必要がある。

合理的配慮の妥当性の根拠については，高橋・高橋（2015），高橋ほか（2016）なども参照してほしい（文献はPDFでダウンロード可能）。

(5) 権利利益の侵害

機能障害の種類や程度にもよるが，本人が望んでも，危険を伴うことから参加を制限することはありうる。身体障害や慢性疾患などと比べると，発達障害のある学生が危険にさらされるような活動や実習は少ないかもしれないが，十分な配慮は必要である。また，学外者と関わるような実習では，実習機関を利用する第三者の権利利益の侵害にならないかということも考慮しなければならない。

配慮の内容を考える際は，他の学生の学ぶ権利の侵害にならないかについても考えるべきであろう。同じ授業を履修している学生からのさりげない配慮は，障がいのある学生にとって必要なものであるが，障害のある学生が学べるかどうかの責任を，他の受講生が負うような形にならないよう，注意する必要がある。

6　合理的配慮の提供に関する体制整備

　合理的配慮の決定にあたっては，授業担当者の個人判断ではなく，組織の決定という形を整えることが重要である。専門部署を置けない場合でも，学長，副学長等が最終責任者となる形で，委員会組織等が判断する体制にする。判断が難しいケースでは，障害に関する専門知識を持つ者の助言も必要となるだろう。学内に専門知識のある教職員がいない場合は，医療機関や障害者支援の専門機関などと連携し，学外の専門家に協力を依頼する。障害学生支援に関しては，日本学生支援機構の指定する拠点校など，充実した支援室を持つ大学もある。学生支援の予算規模が小さい大学では，近隣の拠点校と連携できるようにしておくと良い。

　合理的配慮の決定内容について学生が不服とする場合，異議申し立てできる体制を整えておく必要もある。たとえば，コンプライアンス関係の相談窓口，ハラスメント関係の相談窓口などは，候補になるだろう。合理的配慮は法律に沿った対応という側面を持つだけに，ルールを明確にしておくことはトラブルを回避する上で重要である。しかし，さらに重要なのは，学生と大学の信頼関係である。大学には学生との建設的な対話を通して，信頼関係を築いていく努力が求められる。

7　おわりに ── フォーマルな合理的配慮の必要性

　合理的配慮に関する条件や組織的決定の重要性について述べてきたが，こうしたフォーマルな手続きは常に必要と言えるだろうか。合理的配慮にあたるような支援で，これまでも授業担当の教員の判断で提供してきたものも多いだろ

う。法律の存在ゆえに、あえて面倒な手続きを学生に課さなければならないのだろうか。

差別解消法は、手続きをふまなければ配慮してはいけないと言っているわけではない。周囲の理解と配慮のおかげで本人が困っていないのであれば、そもそも特別な対応をする必要はない。法律で義務化することの意義は、本来受けられるはずの配慮であれば、ある程度の強制力を持って学生が要求できることにある。授業担当者によっては、授業での配慮には積極的でも、試験になると「公平さが大事だから」と言って認めないというケースもこれまであったのではないだろうか。教員個人の考え方に依存した判断ではなく、ルールに沿って提供の可否が判断されることで、教員にとっても学生にとっても、わかりやすいものとなるだろう。

正式な手続きをふまなくても配慮が受けられていたとしても、あえて同じ内容の配慮について、フォーマルな形にすることが意味を持つ場合もある。たとえば、資格試験等を受ける際に合理的配慮を求める場合、大学時代に正式に配慮を受けていたという実績があることで、申請が認められる可能性が高まるかもしれない。合理的配慮は、教育機関だけではなく社会に出てからも受けられる。大学時代に、必要な配慮を正式に要望し、手続きをふんで提供を受けるという経験をすることは、自己権利擁護（セルフ・アドボカシー）スキルの修得という点においても意味のあることと言えるだろう。

【引用・参考文献】

高橋知音（2012）発達障害のある大学生のキャンパスライフサポートブック　学研教育出版.
高橋知音・佐藤克敏・立脇洋介・近藤武夫・南風原朝和（2016）．障害のあるテスト受験者への合理的配慮とエビデンス．教育心理学年報, 55, 304-312.
高橋知音・高橋美保（2015）発達障害のある大学生への「合理的配慮」とは何か―エビデンスに基づいた配慮を実現するために―．教育心理学年報, 54, 227-235.

第3章

発達障害のある学生への
カウンセリング

岩田淳子

1 はじめに

　カウンセリングでは,カウンセラーとクライエントが言語的伝達手段,すなわち対話を用いて，受容・共感を基本的あり方として，クライエントが抱えている問題を解決・解消できるよう援助することを目指している。カウンセリングには，クライエントを理解しようとする理論的立場にかなりの幅があるが，いずれにしてもクライエントが感じている困難や問題，その人がしている解決への努力やその帰結の現状，周囲との関係性やその人の発達という文脈まで含めて大きく捉える必要がある。カウンセラーの基本的態度やクライエントの内的世界の理解は，発達障害のある学生へのカウンセリングにも一定の意義をもつとはいえ，表層的な共感や内省に導くことに時間を費やすことは無益であるばかりか，発達障害のある人と家族を混乱させ傷つけることにもなりかねない。

　発達障害は学生相談カウンセラーにとってごく身近な概念になり，今や不適応学生を見立てる際の支柱になっていると言っても過言ではない（坂本，2014）。カウンセラーが発達障害と見立てた根拠を整理し，学生の困難の所在を適切に理解しながら，学生の発達特性と現在の体験を言葉にし，カウンセリングの方針や方略を立てることが求められる。

　発達障害が中枢神経障害による独特の認知スタイルや脳機能の脆弱性など生来性のインペアメントであることは医学的に了解されている。伝統的なカウンセリングが定型発達の人を対象に構築されたとすれば，独特の認知スタイルのある人へのカウンセリングは改めて考え直すことが必要である。

　本章で対象とする発達障害は，大学において最も多く見られる自閉症スペクトラム障害（以下，ASD）を含む自閉症スペクトラム（以下，AS）である。

AS学生へのカウンセリングは，カウンセラーの力量を高めてくれる。今より少し役に立つカウンセリングに近づきたい。本章では，カウンセリングでしばしば登場するテーマを発達特性から読み解きながら，カウンセリングの留意点を整理するとともに，合理的配慮の義務化により，これまで以上に重要となる自己理解支援からカウンセリングを考える。

なお，ASはローナ・ウイング（Wing,L.）が提唱した概念であり，診断を含む医療的介入を必要とする疾病名としてのASDと，医療的介入を必要としないが三つ組の発達特性を有する一群の両方を含む概念である。

2 発達特性とカウンセリング

ASの発達特性は現れ方に違いがあるとともに，その主観的な経験についての個人差も大きい。ウィングの三つ組（社会性の特性・社会的コミュニケーションの特性・想像力の特性）は「ASDらしい」と見立てるための道標として貢献した。

一方，翻訳家として活躍するASD当事者のニキ（2002）は，三つ組の中核とされる社会性の障害は結果が重篤なものになりやすいが，それは「援助者の視点」であり「当人から見れば，『自分が心からやりたいことを妨げる症状』『別にやりたくもないのに強いられることを妨げる症状』『気づいていない症状』の三つに分けられる」と述べる。人との交流よりも「認知や注意力の特性，気分の変動，こだわりなど」「自閉者仕様の身体・脳」とつきあうことのほうが大変，との訴えと推察できる。つまり，ニキの主張は，ASの人たちにとっては，自分の（社会性の）能力とは主観的には標準と感じており，関心のないことであれば重視はしていない，ということでもある。深読みすれば，定型発達の視点で三つ組をチェックリストであるかのように使用することへの批判とも思える。しかし，注意集中やこだわり，認知スタイル，感覚の過敏や鈍麻，身体の不具合なども含め，学生の不適応や困難の背景を見立てる際に，学生の話を系統的に整理しながら聴くための準拠枠を持つことは必要である。

(1) 見えないことをカウンセリングで取り上げる

　学生は家庭での生活を拠点として，大学では学年暦の中で授業やゼミ・実験・試験，部活動やアルバイトなどの課外活動などを行なっており，カウンセリングで語られる内容は，その一部でしかない。通常，学生が主訴として語る内容を中心にカウンセリングを進めるが，ASの学生に対しても同様の聴き方をすると，カウンセリングで取り上げるべきことがらが抜け落ちてしまう。ASの学生では，その認知スタイルや社会性・社会的コミュニケーションの特性から，カウンセリングで何を話し相談すべきなのか選択できていない，そもそも相談すべきことがらに気づいていない，うまく説明できないことが少なくない（言いたくないこともある）。したがって，家族や教職員などへ情報収集を行なうことが重要になる。特に，不適切な行動につながりかねない，生じている事態が学生の話からだけではわかりにくい場合には，第三者から情報収集することにより，生活場面で現れている対人交流やコミュニケーションの質，こだわりなどの発達特性や課題が見えてくる。

　また，構造化されたカウンセリングで見えにくい逸脱や偏りのみならず，強みを活かしている場面を知ることができることも強調したい。孤立型でカウンセリング場面では言葉を引き出すのにしばらく待たなければならないほどの学生が双方向のやりとりを必要とする英語の授業の単位を修得していることはある。どうやら授業の進み方にパターンがあり，必要最小限の回答をすることで乗り切っている。ゼミの中で発言の少ない学生は受講者の1割程度はいるものだ。ゼミに必須ともいえるプレゼンテーションでは，持ち前の生真面目さで読み上げ用の原稿を作り，そのとおりに，ようやく1回発表した結果，教員に「面白い視点だった」と評価された事例をいくつも経験してきた。

　カウンセラーは問題・課題を扱うために，発達特性のマイナスポイントを収集しやすい。本人からはまず話さない強み，発想のユニークさや発言の生真面目さなどが第三者から語られることは少なくないはずである。カウンセラーは学生の発達特性がプラスポイントであることを確認できる情報を収集することにもう少し積極的であったほうがよい。

（２）学修場面で起こる不得手をカウンセリングで取り上げる

　ASの学生にとっての大学における社会的障壁は，日々異なる時間割，指定されていない座席，時間割や教室の変更など様々あるが，なかでも高校までの学び方とは異なる学習内容や学び方，特に対人交流の活発さを求められる授業である場合は多い。具体的にはゼミやアクティブラーニング（教員と学生が意思疎通を図りつつ，学生が主体的に問題を発見し解を見いだしていく，ディスカッションやディベートといった双方向の講義，演習），コミュニケーション重視の英語科目，学生同士の役割分担や協力が必要な実験などである。
　そもそも合理的配慮は，障害のない学生と同じように授業に参加するための変更や調整が理念であるのに，ASの学生の願いは端的に言えば「（社会性や社会的コミュニケーションが到達目標ともなり得る）授業に参加することの免除や変更」である。
　障害者差別解消法が成立する前から，カウンセリングでは授業のなかでの困難がテーマとなることは多かった。自分からペアやグループを作れない，急に指名されると頭が真っ白になり身体の調子が崩れる，話し合うテーマについて何を言えばよいのかがわからない，動作が遅くて実験でペアになる人に迷惑をかけるなどの苦痛である。残念ながら，それらの苦痛から授業の欠席がかさみ，結果として単位が修得できないことも多い。単位未修得が重なり，留年や退学を選択せざるを得ない学生も少なくない。
　しかし，学生の苦痛がたとえ発達特性に基づいているとしても，ペアやグループを教員に決めてもらう，事前に授業の進め方や流れについての説明を求めることもできる。「わかりません」と言う，あるいはASの真面目さを活用し予習することで発言する内容を決めておくこともできるかもしれない。ある教員は，ASの学生がグループディスカッションのなかで表情を硬くして黙っている姿を見かねて，授業中それとなく自分（教員）の近くに呼び，話し合ってみたところ，生き生きと会話をした，と報告してくれた。以降，授業内の少しの時間をこの学生との会話に使い，英語能力が評価された。レポート作成の苦手さはイマジネーションの特性，「木を見て森を見ない」部分への注目，注意集中の問題など多様な要素が絡み合う。抽象的な概念への思索は大学在学中までの辛抱

かもしれないとはいえ，ここでもパターンやルーチンは案外強みにもなる。

障害の「社会モデル」が国際的コモンセンスなのだから，障害の克服のために「できない」を「できる」に変えようとすることはない。しかし，学生にとって体調を壊すほど辛い経験を重ねるためだけの授業であることもないだろう。

対人交流のある授業を全て免除する（あり得ないが），個別指導にする以外の方法を模索できないだろうか。タブレットでの意見表明を含め，「〇〇ならできるかも」をカウンセラーと教員は探す努力をしたい。

（3）トラブルをカウンセリングで取り上げる

AS特性のある学生のなかでクレーマーやトラブルメーカーとして大学内で「有名人」になる事例がある。社会性障害のタイプが積極奇異型であれば「盛んに相手にかかわるが，相手の感情や意向に気づけず，相手の思惑を受け取り損ねること」に本質はあり（岩田, 2013），特定の人物や事象に向けられた「孤立型」のこだわり行動の結果としてのトラブルの場合もある。カウンセリングにおいて，なぜ不適切なかかわりであるかを説明し，適切なかかわりを説得する場合は多い。しかし，説明や説得だけでは立ち行かないところにインペアメントの難しさがある。知的に理解しても実は納得していない，その場になると自分のやり方で対人交流する，いわゆる汎化の苦手さが障壁となる。

カウンセリングでは，まず，トラブルの背景に身体不調や生活リズムの乱れ，学生生活の不全感などがないかを点検したい。不安のコントロールは怒りのコントロールに先立つ。きっと何か心配事や気になることがある。かかわり続けることにより生じている学生のデメリットをカウンセリングのテーマとして取り上げることもできる。損得は学生にとって納得しやすい論理である。

積極奇異型の学生は，盛んにかかわり続けた経験が奏功してきた（と本人は認識している），強化され続けていると考えることもできる。小中学校までの同年代の人々への積極奇異型のかかわりが失敗し，受身型に変わった経過をもつ学生の話もしばしば聴く。高校までの学校体験の過多あるいは不適切なかかわりの結果としての，現在の対人交流の意味が理解できることもある。

一例を紹介する。大学内のさまざまな場面で教職員や周囲の友人を威喝し怖がらせるASの学生がいた。この人はおそらく受身型の対人交流で児童期まで

を過ごしていたようだが，思春期に周囲の反応に過度に敏感になり，相手が何を考えどう感じているかがわからないままに，とりあえず相手を「敵」とみなした結果の不適切な言動だった。当初はカウンセラーにも慎重で攻撃的であったが，「敵ではない」とわかると態度は徐々に軟化し，カウンセリング以外の場面での対人交流も穏やかになった。

　自分の発言が感じ方の違いにより周囲の同世代の人たちに「引かれる」経験を重ねるあまり，引かれないように何も言わないスキルを身につけたAS学生も珍しくない。吉田（2014）はそのような自己否定的技術向上（技術を習得すればするほど自己否定感を強めてしまう現象）は回避できたほうがよいと指摘している。カウンセリングにおいて，「引かれる」仕組み（多数派との違い，「社会性」は時代や文化に依存した「多数派」により形成されること）と発言自体の評価（劣っているわけでも間違いでもない）を話し合うことはできる。

（4）こだわりをカウンセリングで取り上げる

　ものごとの本質や可能性，概念を私たちは意識することなく想定し，不測の事態にもほぼ無意識に対処している。しかし，そうした実際には目に見えないもの，究極的にはわからないことをそのまま認知しているとしたら，パニックを引き起こすことは了解できる。「いつも同じは安心」「変化は不安」である。

　社会的イマジネーションの特徴が結果として柔軟性の乏しさやこだわりをもたらす。「ルーチン」はラグビー選手のキック前のポーズで一躍有名になった。柔軟性の乏しさ，こだわりは悪者にされることが多かっただけに「いつも同じ」の意味が評価されたのは少しうれしい。安定や集中をもたらし，結果としての真面目さ・几帳面さはパフォーマンスに肯定的な評価を付与する。まさに強みである。

　こだわりが問題となるのは，中断，終了するのが難しい，心配事や気になることを引きずり続ける，切り替えられない，他者や周囲を巻き込む，パニックに陥るなどの場合である。

　カウンセリングにおいて最も留意すべきは，こだわりの内容を聞き過ぎずに切り上げる，こだわりの悪化の要因を同定することである。こだわりの悪化は，生活リズムの乱れ，体調の悪さ，学生がその生活において負荷の高い課題に直

面している，心配事や気になることをひきずり不安が増している，生活全体の満足感が得られていない，思うような達成感が得られていないなどが背景にある場合が多い。したがって，こだわりの内容を聞き続けること，こだわりそのものを減じようとするはたらきかけは意味がないばかりでなく，状態の増悪を招きかねない。

カウンセリングでは，悪化したこだわりの背景にある不安や混乱を同定し，それを具体的に軽減する手立てを講じる，薬物療法を含む「環境調整」に取り組むべきである。こだわりの悪化の要因とメカニズムについての心理教育を行い，こだわりを減じる具体的な対策や，中断・終了する仕組みを一緒に考える。「考え」「観念」にこだわる場合も「行動」に置き換えるほうが効果的である。

学生生活に特段の支障がなくても，カウンセリングの中でAS学生が考えやことがらが切り替えられず，こだわりどころに留まっていることがある。まずはそれに気づくこと，納得，解決しなければ先に進めないのなら，落としどころを探る。

3 自己理解の意味と配慮を受けることの決断

ASへのカウンセリングでは，自己理解支援の重要性が指摘される。合理的配慮が義務化され，既診断／未診断を問わず障害（発達特性）を開示するのか，配慮を受けるのか，自分に必要な配慮はなにか，それをどう求めていくのか，一つ一つの意思決定を支えることは，自己理解支援と深くかかわる。

とはいえ「自己理解」の心理学的定義は曖昧である。一般的には通常の生活の中で意識はしなくても「自分はだいたいこういう人間だ」という感覚を自然に身につけていく。ところが，在学中に診断あるいは特性を説明されるに至った学生は「自分の経験を解釈する枠組みも，自己像も，所属意識まで大きく変わる（ニキ，2002）」。青年期の発達課題とされる「心理社会的同一性」を模索する時期に，定型発達との連続性がある発達特性をどう位置づけるのか。自分はどのくらい，多数派の学生との隔たりがあるか，への問いである。思春期までに診断を受けた学生でも，診断名について説明されている例は驚くほど少ない。いじめや不登校，発達特性がその時々にその環境のなかで「困難」として

しか認識できないままの学生に「自分の経験を解釈する枠組み」を変更することは容易ではない。

　吉田（2014）は自己理解支援の流れを「(1) キーワードの提供，(2) 知的な切り口を手がかりに，自分の得手・不得手の体験を言語化する，(3) 自分の得手・不得手には名前がつくと知る（脳タイプとしての理解），(4) 少数派の不便を補うサービスの入場券として，病名・障害名を知る」と提案している。特にカウンセラーに求められているのは，「キーワード（その人の行動や考え方の特徴を説明する言葉）」として提供し得る「失敗の回避や成功を体験できる」支援，「発達特性や対応のコツ」を，カウンセリングのなかで学生と積み重ねることである。

　カウンセラーが一方的に，学生の得手（強み）を訴えかけることは虚しい。学生の実感に重ならなければ，学生には「強み」とは到底思えない。ニキ（前出）の論考の一部を紹介したい。

　　　自閉者たちの場合，その嗜好やセンス，行動様式が非自閉文化の文脈の中で「ダサい」「わざとらしい」「イタい」と見られがちなので，障害になっていないニュートラルな性質の部分でも「ダサい健常者に対する蔑視」を浴びてきた者が少なくない。（中略）「故意に手を抜く健常者」から「それなりにがんばってきた障害者」へ，「ダサい健常者」から「それなりにがんばってきた障害者」（中略）「自閉者としてはこれが普通」への変更は，転落ではなくヨコ方向への移動でしかないばかりか，質的にいえば「怠惰」「悪意」「横着」という汚名の返上である。新しい所属先，帰属意識の獲得であり，身の丈に合い，実感に沿った自己像を新たに形成するきっかけでもある。（中略）自分は自分をあてにしてもよいのだという保証でもある。

　AS学生への大学における配慮が，学生にとって，「哀れみの対象」が「出来が悪いテンプレート」「欠陥品」への補完として「甘え？と詮索」されながら受けるもの，として認識されているとしたら，誰も「配慮」を受けることなど希望しないだろう。

　配慮を申し出ることは，「自分ではできないことへの自己決定，自分が持って

いないものへの自己決定（石川，2004）」として尊重されてもよいはずである。「合理的配慮」は障害の有無にかかわらず，教育を受けるという同じ地平に立つことである。できない，自分はだめであることを「受容」して，「配慮してもらう」のではない。「いかにして名付けに込められた否定性をすり抜けつつ，拒みつつ，胸をはって，あるいは楽しげに名乗るか（石川，前出）」という指摘は，配慮を拒むAS学生に勇気を与えてくれるような気がする。これだけ多くの書物がASの強みや多数派で構成される社会・文化との（少数派ゆえの）ずれを記述しているのだから，「できなさ」によい意味での開き直りがあってもよい。多数派のための授業のありかたに一石を投じる貴重な存在であることにAS学生は自信をもってよい。カウンセラーにはAS学生に「できないことへの自己決定」と，多数派の学生と同じになることや自分を否定することではない「やりよう」としての配慮を編み出す義務がある。

4 おわりに

筆者がASの学生とのカウンセリングにおいて基本と戒めている態度がある。元チャペルヒルTEACCHセンター臨床ディレクター，リー・M・マーカス（2005）が述べている「高度な指示的アプローチであること」と「単刀直入に障害（自閉症）を取り上げて，それについて来談者と話すこと」である。学生の個別的な日常を尊重しながら，うまくいっていないことについては，しっかり把握・整理し率直に伝える。そのうえで，うまくいくために，あるいは学生生活を少しでも元気に過ごせるために，現実的で実際的な，家に帰ってから（次の授業で）すぐに試せるような工夫ややりかたを提案する。それもかなり自信をもって，ぶれずに明確に指示する。おそらく，それはカウンセリング自体に構造をもたらし，学生を安定の方向に導く。もちろん一方通行の指示ではなく，十分な共感的理解とサポートに立脚した指示であれば，学生は納得もするし，指示の意味が生まれる。

その過程のなかで，胸をはってAS特性を語り合う。しばしば，学生の体験と同じような自分の体験を話す。世間の常識とされている考え方とともに「私の考え」も話す。AS学生とのカウンセリングでは，心の深層を深読みするので

はなく，障害についての恨み辛みや愚痴を聞くだけでもなく，当たり前の学生生活を過ごすための知恵と工夫を創造する．そのなかでしか，AS特性の「ダササ」「イタさ」も「ユニークさ」「優秀さ」「誠実さ」も率直に話し合えない．そのようなつながり方が筆者にとってのAS学生とのカウンセリングの作法である．

【引用・参考文献】

石川准（2004）見えないものと見えるもの―社交とアシストの障害学．医学書院．
岩田淳子（2013）高等教育における発達障害のある学生への支援―カウンセリングに求められること．LD研究, 22, 141-149.
ニキ・リンコ（2002）所属変更あるいは汚名返上としての中途診断―人が自らラベルを求めるとき．石川准・倉本智明（編著）障害学の主張．pp.175-222, 明石書店．
リー・M・マーカス〔鈴木正子訳〕（2005）TEACCHにおける自閉症の人へのカウンセリングと家族支援．内山登紀夫（監修）自閉症ガイドブック―別冊海外の自閉症支援．社団法人日本自閉症協会 pp.40-55.
坂本憲治（2014）学生相談における発達障害者支援の研究動向と課題．学生相談研究, 35, 154-165.
吉田友子（2014）自己理解支援と障害受容．臨床心理学, 14, 640-645. 金剛出版．

第4章

高等教育へのアクセスを実現する支援技術

近藤武夫

1 ICT利用の背景

　発達障害（学習障害，注意欠如・多動性障害，自閉症スペクトラム障害等）のある学生は，大学生活での修学場面において，様々な困難を日常的に感じることがある。「手書きで文字を書く」，「印刷された文字を読む」，「筆算で／暗算で計算する」，「文章に考えをまとめる」，「相手の話を耳で聞いて理解する」，「適切に注目すべきことに注意を向けたり，不要な刺激を無視する」，「予定を把握し，見通しをつける／適切なタイミングで思い出す」……これらはいわゆる「困難のリスト」として挙げたものだが，逆説的に言えば，学生が学校や教室などの教育場面に参加する上で，大学進学以前に身に付けておくべきこととして暗黙のうちに想定されている「能力のリスト」であるともいえるだろう。児童生徒は，初等中等教育から高等教育にかけて学ぶ中で，教科の知識を覚える以外に，上記の能力を次第に向上させていくことが期待されている。また，特別な道具や他者の助けを借りることなく，これらの能力を高い水準で身に付けていることが，教室や学校で学ぶ学生にとって望ましいこととされていると言っていいだろう。

　大学の教育場面では，これらの能力が（程度の差こそあれ，ある程度は）学生に備わっていることを前提として授業等が進められる。授業中に手書きでノートを取ることができない学生，教科書や配布物の印刷された文字を流暢に読むことができない学生，他の学生が多数同席する騒がしい教室環境に耐えられない学生，教員の口頭での講義を適切に聞き取ることが難しい学生，与えられたテーマに対して自分でレポートの内容を構成して文章に考えをまとめることができない学生，やるべきことを自分で管理できない学生，教員や他の学生と対

面で円滑にコミュニケーションできない学生の参加は，一般的には想定されておらず，「大学での授業に参加する能力のない学生」と考えられてしまうことがある。

しかしながら，発達障害による機能制限という観点から，上記の「能力のなさ」を捉え直すと，また違った解釈が生まれる。書字障害（dysgraphia）や運動障害（dyspraxia）が背景にあったとしたら？ 外見的には明らかに手を動かすことが困難な様子が見られなくても，手書きで文字を綴ることが極端に難しい学生なのかもしれない。読字障害（dyslexia）が背景にあったとしたら？ 視力にも概念理解にも障害がなくても，印刷された文字を認識することが極端に難しい学生なのかもしれない。学生に能力がないのではなく，「障害のある学生は参加することができない構造になっている授業」なのかもしれない。

近年，日本の教育制度は，障害の有無にかかわらず，多様な学生がその場に参加することを前提とした「インクルーシブ教育システム（文部科学省，2012）」を基礎とすることとなった。例えば，手書きで文字を書くことが難しい生徒であっても，キーボード入力を認めることで，授業でノートを取ったり，試験の解答用紙に答えを書くことができるようになる場合がある。印刷物を読むことが難しくても，録音図書や音声読み上げ機能を使うことで，書かれた内容を把握することができるようになる。大学においても，暗黙の能力観だけに立脚した授業スタイルに固執したり，既存の能力観に沿うように障害のある学生の側を訓練するだけではなく，ニーズに合わせた変更・調整によって，障害のある学生の教育機会への参加を最大化する準備が必要となった。

本章では，冒頭に挙げた領域を例として，発達障害のある学生が大学の学びに参加（アクセス）するためのICT利用について概観する。ICTを利用した機能回復訓練については本稿では言及せず，ICTを利用した機能代替に焦点を当てる。

2 手書きで文字を書く

発達性の書字障害や運動障害のある学生では，知的な障害がなく，読むことは流暢であっても，鉛筆やペンを使った書字に極端な困難を生じることがある。

手書きで文字を綴ることに極めて大きな困難を感じていても，文字を視覚的に見て認識したり，読解することには困難がない。また書字の障害と言っても，極端な悪筆で，書いたものを他人が（自分も）後から読むことが難しいケース，そもそも手書きで漢字などを綴ることができないケース，文字を書くことはできるが，綴る速度が極端に遅かったり，文字を手書きする作業に極めて大きな認知的負荷を感じるために思考が阻害されるケースなどがある。

●キーボードの利用

　書字障害があっても，キーボード入力では手書き書字と比べて困難を感じない場合，ノートテイクや試験での解答で，学生自らが筆記にキーボードを利用することが効果的となる。初等中等教育場面と比較すると，大学においてはキーボード利用が授業で認められないケースは少なくなってきていると考えられる。しかし，合理的配慮という観点から考えれば，コンピューターの利用が認められていない授業や試験の場面，慣例から手書きが前提となっている書類などで，どこまで手書きに困難のある学生に対してキーボード利用を障害に対する妥当な調整として認められるかがポイントとなる。他にも，授業のレスポンスペーパーを紙ではなく電子メールで送ることを認めるといった柔軟な調整も，手書き困難に対するキーボード利用を認めることと関連している。

●音声認識ソフトウェア

　書字に障害があっても，発話に障害がない場合には，音声認識（コンピューターに向かって発話した音声を文字に変換する機能）の利用により，文字を綴る作業にかかる認知的負荷を避け，レポート・論文等の文章作成を効果的に行うことができる。音声認識ソフトウェアでは，従来，AmiVoice（アドバンスト・メディア製）やドラゴンスピーチ（Nuance製）など，インターネットに接続しないスタンドアロン型ソフトウェアとしての音声認識ソフトが使われてきた。しかし近年，インターネットに接続して使用するクラウド型の音声認識機能が，iOSやAndroid，Googleドキュメント，Windows，Macなどの標準機能として提供されるようになり，非常に高い音声認識精度を持つようになっている。長文のレポートを書く場合など，最初からキーボードで文章を綴るの

ではなく，口頭で自由に発話したことを音声認識させる。その後，入力された文章をキーボード入力で修正していくといった使い方ができる。

●別室の必要性

　音声認識の利用では口頭で発話する必要があるため，授業中や図書館，試験中など他の学生の学習を阻害しないよう静かにしておく必要がある場合にはその利用が難しい（同様の他の学生の静けさへの配慮は，キーボード入力が立てる音等についても必要となることがある）ため，大学では別室が利用できるように配慮したり，提出物の締め切り期限を変更して自宅での利用もできるよう調整するなどの配慮も併せて得られることが望ましい。

●カメラでの撮影，ICレコーダー等の録音

　何らかの障害により手書きでのノートテイキングが間に合わない場合，障害学生支援サービスとして，人間のノートテイカーの支援をつけることは大学で一般的に行われている。しかし，デジタルカメラやICレコーダーなどの撮影機器，録音機器を本人が携帯しておいて，本人がメモの必要があると感じたときに，他の学生が紙の手帳にメモをとるのと同様に，撮影や録音で記録をすることを認める方法がある。また，Livescribe社製のスマートペンのように，手書きメモを書いたままにコンピューター上に電子化して記録する機能と，そのメモを書いている時に録音した音声とを同期させて記録する機能を持つものがある。たとえ筆記内容が不十分で読み返しても意味のわかりにくいメモであっても，その書いたメモをスマートペンでタップすると，メモを書いたまさにそのときに，周囲で聞こえていた音声を再生してくれる機能がある。手書きの文字だけに依存しない，効果的なメモ（記録）が可能となる。このように，ICレコーダーやスマートペンなどのツールは，代筆者などの他者の介在が必須ではないことから，メモを取ることについて本人の自立の幅が広がる利点がある。

　また，授業によっては撮影や録音を認めないという制限をしている場合もあると考えられる。しかし，障害により手書きメモができない学生にとっての撮影や録音を，他の生徒が手書きメモを取ることと同様と考えれば，単純なそれらの禁止は，障害学生を大学の授業場面から排除することに繋がる。単なる一

律的な禁止を超えて，合理的配慮としての撮影や録音の許可を考えると，個々の授業場面でどこまで利用を認められるかという，担当教員との具体的な合意形成の段階に進めることができる。

3 印刷された文字を読む

　発達性の読字障害のある学生では，知的な障害が原因ではなく，印刷された文字や文章の認識が難しいことから，「通常の印刷物」を読むことが困難となっている場合がある。その困難の程度は個々人により極めて大きな幅がある。印刷された教科書を見ても，文字がただの模様にしか見えないと感じる学生もいれば，読むことはできても，読む速度が極端に遅かったり，読み間違いや意味の取り違え，読み飛ばしをしてしまうという学生もいる。すなわち読字障害のある学生は，「まったく読めない」わけではない。適切な配慮があることで得られる情報の幅と質を向上させることができる。

●フォントやレイアウトの調整
　内容を音声で読み上げたものを耳で聞いたり，フォントを見やすいと感じられるものに変更したり，フォントの大きさ，行間の幅，背景と文字のコントラストを調整することで，内容を把握できるようになる場合がある。

●音声読み上げ機能・ハイライト表示
　コンピューターの合成音声による音声読み上げ機能の利用は，印刷物を目で見て読むことが難しい障害学生に，試験の場面で行われてきた支援である。これまでも人間による代読の支援が障害学生支援サービスとして行われている。しかし，自宅での自習や研究，メールのやり取り，自分にとって関心のある記事が書かれたウェブページから情報を得ることなど，代読サービスがないところでの音声読み上げのニーズも大きい。人間による代読以外にも，コンピューターによる音声読み上げ機能を活用することで，こうしたニーズに対応できる。また，音声読み上げ機能に対応した読み上げソフトウェアでは，読み上げている箇所をハイライトさせることができ，文章へ注意を向けることを補いながら

読み進めることができる。

　音声読み上げ機能は，コンピューターのテキストデータを，音声合成して音として出力する機能であり，もともと視覚障害者向けの支援技術として開発された歴史を持つ。現在では視覚障害にかぎらず，より人口の大きい学習障害（発達性の読字障害を含む）のある児童生徒・学生の支援目的で，特に米国や英国の教育場面での支援に広く利用されている。日本では，視覚障害向けにコンピューターの画面に表示されている情報をすべて読み上げることで，全盲であっても操作ができるようにするスクリーンリーダーの利用が主流であり，現在のところ学習障害向けの利用事例が少ない。しかし，DO-IT Japan（http://doit-japan.org/）の実践を例として，初等中等教育や高等教育における音声読み上げ機能を利用した学習保障の取り組みが広がりつつある。

● 電子データの必要性

　音声読み上げ機能が利用できたとしても，教科書・教材や資料の電子データ（特にテキストデータと呼ばれる電子的な文字データ）が利用できない場合，音声読み上げさせることはできない。そのため，高等教育機関では，教科書・教材や資料が印刷物の形でしか存在しない場合，障害学生支援を担当する部署が，音声読み上げ機能で利用できる形式の電子データを作成する支援が行われている（近藤，2014a）。初等中等教育では，東京大学先端科学技術研究センター人間支援工学分野が運営するオンライン図書館AccessReading（http://accessreading.org/）や日本リハビリテーション協会等が，文科省検定教科書の電子データを制作し，配布している。また，電子データの形式は，テキストデータ，EPUB，DAISY，DOCX（Microsoft Word形式），アクセシブルPDFなど，アクセシビリティに対して配慮のある形式で用意される必要がある。

● OCRの活用

　一般的なスキャナーに付属しているOCR（光学文字認識）ソフトウェアを用いれば，印刷物中の文字部分をテキストデータに変換することができる。また，タブレットに付属のカメラ機能で印刷物を撮影することで，文字部分をテキストデータに変換することができるアプリも近年複数登場している（例：Touch

& Read, Office Lens等)。認識エラーが含まれることも少なくないが，障害のある学生本人からすれば，すべての資料等が電子データとして用意されているわけではないため，紙しかない資料であっても，その内容に触れる手段を知っておく必要がある。

4 筆算／暗算で計算する

　学習障害のある学生では，計算障害（dyscalculia）を伴うことがある。また，読み書きの障害がある学生の場合，筆算の困難などから計算する行為が難しい学生がいる。

●計算機の利用

　日本ではあまり計算機の許可は一般化していないが，米国の大学入試適性検査であるSATやその他の大学入試では，学習障害や計算障害のある受験生に，四則演算電卓の使用が認められるケースは珍しくない。

5 文章に考えをまとめる

　学習障害による読み書きの困難や，自閉症スペクトラムやADHDにより，情報の統合や構造化の作業を行うことが困難な場合，多数の情報源を整理・統合して長文のレポートをまとめる作業が難しい場合がある。

●概念マッピングの活用

　概念や情報の構造を，文章ではなく，視覚的なマップ構造にまとめる手法を概念マッピングと呼び，KJ法やマインドマップ（図4-1・次頁）など，様々な手法が知られている。また，それらの手法で概念をまとめる作業を，手書きではなくコンピューター上で行うことができるソフトウェアが多数存在し，編集が容易であることはもちろん，読み書きに障害のある学生でも読み上げや入力を組み合わせて利用できる点で利便性が高い。こうしたソフトウェアでは，一度作成したマップは，構造化テキスト（章や節などの構造が付けられたテキスト

データ）などに形に変換して出力できる機能を一般的に備えており，アウトラインプロセッサやアウトライナーと呼ばれるソフトウェアと組み合わせて，文章の構造を見渡しながら執筆する方略に繋げられる。

6 相手の話を耳で聞いて理解する

　授業で教員の説明を聞く場面や，多人数のディスカッション場面，一対一の対話場面など，多様なコミュニケーション場面で，ADHDや自閉症スペクトラム，聴覚処理障害（Auditory Processing Disorder;APD）などの発達障害のある学生は，聞き逃しや聞き間違いにより，情報取得や意思疎通に困難を生じることがある。聴覚障害のある学生への支援と類似した支援が有効となる。

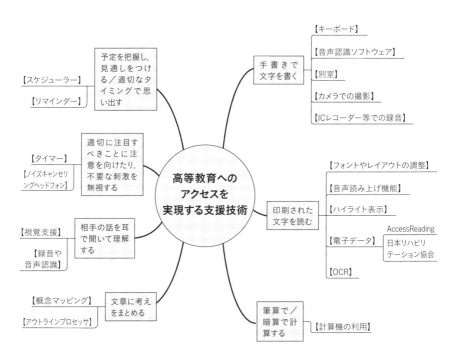

図4-1　マインドマップの例

●視覚支援の活用

　多様なコミュニケーション場面で，ノートテイカーによるPC要約筆記等のサービスを利用することができる。例えば，ディスカッションの議事録を，概念マッピングを活用して採録しながら，プロジェクターなどでそのマップをその場に提示しながら議論をすすめることは，障害のある学生自身はもちろん，他の学生の議論内容の理解を促すことにもなる点で意義がある。また，教職員との相談など，一対一のコミュニケーションでも，ちょうど筆談や要約筆記のように，話している内容を文章や概念マッピングとしてメモに書き出したものをお互いに確認しながら会話を進めることで，両者の相互理解を高めることができる。

●録音や音声認識の活用

　授業やシンポジウムでは，録音を許可したり，音声認識ソフトウェアを使い，話者が話している内容をリアルタイムに文字に変換して発話内容を確認することができる。

7 適切に注目すべきことに注意を向けたり不要な刺激を無視する

　ADHDなど注意機能のコントロール自体に困難を感じている学生だけではなく，自閉症スペクトラム障害等に見られる感覚過敏（音や光，匂いなど，環境中の感覚刺激に対する不快感が強い）により，授業で提示される情報に注意を向けにくいなど二次的に起こる困難もある。また，こうした二次的な注意の困難は，読み書きや聞こえなど，別の困難により高い認知的負荷が生じている場合に起こるため，本人が体験している認知的負荷を適切な変更調整により低減することが望ましい。

●ノイズキャンセリングヘッドフォンの利用

　感覚過敏への対策としては，試験時の別室受験やパーテーションの利用，耳栓やイヤーマフ，サングラス等の使用を認めるといった配慮が行われるが，近年，これらに加えて，ザワザワとした教室の喧騒や電車など交通機関のノイズ

といった環境中の雑音だけを選択的に低減させるノイズキャンセリング機能のあるヘッドフォンが市販されるようになった。元は音楽を聞くために使用されていたが，多様な発達障害で感覚過敏のある人が不快な音刺激を避けるための支援技術として使用されるようになっている。

8 予定を把握し見通しをつける／適切なタイミングで思い出す

　大学では，高校までとは異なり，決められた時間割の授業に参加するのではなく，自分で参加する授業を選ぶ。また，それぞれの授業で求められる課題について，テーマの選定やどの程度の水準で達成するかを，自分で決めてやり遂げる必要がある。個々の学生の自己決定の範囲が広がる一方で，予定の立案，やるべきことの管理の負荷は高まる。発達障害のある学生では，注意や実行機能，または読み書きの困難から，見落としや勘違い，記録ミス，物忘れなどいくつもの壁にぶつかる。一方で，カレンダーやToDoリストのある手帳の使い方や，中期計画の立て方・達成の仕方といったいわゆる「計画を立案し遂行するスキル（organizing skill）」は，大学に入ってから独学で学ぶ学生が多く，高校までの段階で構造的に学ぶ機会が少ない。障害特性に合わせたこれらのスキルを学ぶ機会が望まれる。

●スケジューラーおよびリマインダー

　コンピューターやスマートフォン等のアプリとして市販されているスケジューラーは，コンピューターのソフトウェアであるためにキーボードや音声入力など多彩な方法で入力できることに加えて，月表示や週表示，一日表示などワンタッチで表示方法を切り替えられるので書き漏らしが減る上に，リマインダーと呼ばれる，指定したタイミングでアラームなどによって思い出すことを支援する機能を一般的に備えている。

9 おわりに

　これらの困難が起こるのは，大学教育だけに限ったことではない。小学校や

中学校，高校（初等中等教育）の教室場面でも，発達障害のある児童生徒では，ここに挙げた大学での困難と本質的に共通するニーズを感じることがある。さらに各教育段階のつなぎ目では，シームレスに配慮が得られるような移行支援のニーズ（近藤，2014b）もある。できるだけ早い段階からこうしたICT等による機能代替スキルについての学習機会を作り，発達障害のある児童生徒・学生が自らの学びの機会を最大化し，その後の社会参加の拡大につなげることが求められている。

【引用・参考文献】

文部科学省（2012）共生社会の形成に向けたインクルーシブ教育システム構築のための特別支援教育の推進（報告）．

近藤武夫（2014a）教育のアクセシビリティにおける合理的配慮．広瀬洋子・関根千佳（編著）情報社会のユニバーサルデザイン．放送大学教育振興会，160-177．

近藤武夫(2014b)「思いやり」から「常識」へ―DO-IT Japanの挑戦．嶺重 慎・広瀬浩二郎(編)．知のバリアフリー「障害」で学びを広げる．京都大学学術出版会，98-108．

第5章

大学への適応と就労に向けた
ライフスキルトレーニング

小貫　悟　村山光子　重留真幸　工藤陽介

1 スキルトレーニングとは——発達障害にとっての「障害の軽減」とは

（1）WHOのICIDHモデルから考える

　本書に限らず，発達障害について触れた文献は基本的に発達障害に関する「障害の軽減」を目指すために書かれたものである。しかし，その内容は「障害」をどう捉えるかによって論調を変える。障害概念のコンセンサスのベースになるWHOの障害モデルとして，1980年にICIDHモデルが提案されている。このモデルでは，障害を「プロセス」として捉える。そのため，日本では「障害」と位置づけることも多い「機能・形態の障害（impairment）」「能力の障害（disability）」の部分のみを取って「障害」と捉えるのを避け「社会的不利（handicap）」を招くまでの一連の流れ自体を障害と考えることを提案している。このモデルを下敷きにすると障害の軽減の方法としての「スキルトレーニング」が位置づけやすくなる。なぜならスキルトレーニングは，「能力の障害（disability）」を持つ発達障害児・者がいかに「社会的不利」を被らずに生きていくかを考える方法だからである。例えば，LDがあり記憶「能力」に課題を抱える子が「メモを取る」という「スキル」を身につけることで「社会的不利」を軽減できることがある。一般的に，視力に弱さを持つ者でもメガネをかければ不利が生じないのであれば，その人は「障害」者とされない。スキルトレーニングによって獲得させたい「スキル」とはいわば「メガネのようなもの」である。impairmentやdisabilityがあっても，プロセスの最終形としてhandicapが生じず障害と分類しないと考えるのであれば，スキル獲得は発達障害における「障害の軽減」に欠かせない視点である。

（2）WHO の ICF モデルから考える

　ご存知のようにWHOのモデルは進化を続けている。2001年に提案されたICFモデルでは，障害を「心身機能」「活動」「参加」のいずれかに「制限」がかかった状態とした。つまり，このモデルに拠れば「障害の軽減」の要諦は，できる限りの「制限」を軽減するところにある。実際，発達障害児・者が感じる不自由さの多くは「参加」「活動」への制限から生じている。つまり「障害の軽減」には，社会的な場や役割への「参加」を促進し，「活動」できる可能性を増やしていく支援が必要なのである。このモデルでは，その実現のための視点を提案している。これが「背景因子」と呼ばれている「環境因子」と「個人因子」の2つである。前者は，その子の周りの環境を整えることで生活上の制限を軽減する視点である。障害は環境と個人の相互作用で生じることを明記した点は画期的である。また，後者は，個人の変化による制限の軽減を図る視点である。スキルトレーニングはこちらの視点に属する。

　以上のように，WHOの2つの障害モデルを下敷きにスキルトレーニングを考えると，人生における「不利」を軽減する「スキル」獲得を通しての「個人因子」の変化を目指し，生活上の「活動」や「参加」への可能性を広げる方法論がスキルトレーニングであると位置づけることができる。ただし，前述のICFモデルの「環境因子」へのアプローチもスキルトレーニングとともに考慮されることによって，相互作用が生じ，より効果的な「障害の軽減」を目指すことが可能になることも忘れてはならない。「合理的配慮」はその一例である。

2 ライフスキルトレーニングとは

　それでは，発達障害のある大学生には，いかなるスキルトレーニングが必要になるのであろうか。発達障害児に対する支援アプローチとしてよく知られたものに「ソーシャルスキルトレーニング（以下SST）」がある。これは社会的場における適切なスキル獲得を目指すものである。発達障害の障害特性を考えるとSSTは極めて重要である。ただし，発達障害の支援においては，常に「発

達」という時間軸を意識する必要もある。発達障害児に対するSSTは，主に友人社会の場でのスキルを扱う。しかし，年齢上昇とともに活動の「場」は友人社会から一般社会に移行していく。スキルトレーニングが障害の軽減に向かって，社会的な場や役割への参加や活動の制限の低減を目指すものであるなら，そうした「場」の変化に応じて獲得されるスキルも変化していかなければならない。そこで，年齢変化による参加・活動の場の変化を前提に「ソーシャルスキル」から「ライフスキル」へと視点を変えていくことが必要になる（小貫，2009）。ライフスキルとは，WHOの定義によれば「日常生活で生じるさまざまな問題や要求に対して，建設的かつ効果的に対処するために必要な能力」である。これはまさに青年期以降の発達障害者が最も必要としているスキルと言える。

3 大学生にとってのライフスキルトレーニングとは

　発達障害のある大学生へのライフスキルトレーニングは，どのようなものであるべきだろうか。彼らが抱える課題には「大学適応」と「就労準備」の2つがある。前者は大学生活に適応し成長し無事卒業するまでを支えるスキルであり，後者は，次の段階としての「就職」あるいは「就労継続」に向けてのスキルである。この2つは本質的には同質なものである。なぜなら大学では高校までと異なり，すべての行動が自己責任の原理によって動いている。これはミニチュア的ではあるが一般社会の原理と同じである。大学適応に必要なスキルは，一般社会でも必要なスキルであり，まず，大学適応を実現できれば，就労に向けての基礎スキルも整えられる。この2つのテーマ間にある共通の特徴を一言で言えば「セルフマネージメント能力の向上」になる。筆者らの研究グループは，ライフスキルの中でもセルフマネージメントを必要とする大学生へのスキルトレーニングは，むしろ「サバイバルスキルトレーニング」と位置づけた方が妥当ではないかと考え，大学適応，人間関係，学校から社会への移行を実現する意味を込めた「Survival Skills Training for Adaptation, Relationship, Transition」の頭文字を取った「STARTプログラム」と呼ばれるスキルトレーニングを明星大学にて展開している。

　以下では，就労を目指すためのスキルの詳細を説明し，その後，大学適応，就

労支援を目指して実際に行ったSTARTプログラムのスキルトレーニングの事例を紹介する。

4 発達障害のある大学生の就労準備の必要性

　発達障害のある大学生が，就労に向けて在学中に準備すべきことは多岐に渡る。発達障害のある学生は，「就労」すなわち「就職」及び「働き続けること」に関して一般の学生の数倍の困難さを抱える。発達障害のある大学生の離職率に関する正確なデータはなく単純な比較はできないが，2005年に行われた日本LD親の会の調査によれば，18歳以上の発達障害のある人の1年以内の離職率は37.5％，当時の高卒者の1年以内の離職率は15.0％と2倍以上の開きがある。この調査から10年たった現在では，発達障害のある大学生の支援のあり方が高等教育機関におけるひとつの課題として認識され，支援方法が積極的に検討されるようになっている。しかし，各大学での発達障害学生への就職活動支援は，あくまでも「内定獲得」や「就職すること」が目標となっていることが多く，「いかに就職し継続するか」という視点は弱い。発達障害のある大学生は，在学中に「就職」するためのスキルと同時に「仕事を続ける」ための基本スキルを身につけることが何よりも重要である。なぜなら，それが本当の意味での社会参加や自立への礎となるからである。

5 就労に向けて必要な5つのスキル

　発達障害のある大学生が就職したものの離職を余儀なくされる理由は種々ある。「仕事のミス」「要領の悪さ」「仕事を覚えられない」などのように仕事そのものがうまくいかず離職する一方で，「対人関係がうまくいかなかった」「仕事のミスが重なり，怒られてばかりでうつ状態になった」「休憩時間の過ごし方が分からなかった」など，仕事そのものよりも職場の人間関係や環境になじめずに離職するケースも多い。こうした発達障害者の実状を踏まえると，必要なのは職業適性や仕事そのものの遂行能力だけではなく，「働き続けること」を支える力であり，その一つがセルフマネージメント力であると言える。このセ

ルフマネージメント力を支えるスキルとして，筆者らは①時間管理，②職場マナー，③職場ルール，④体調管理，⑤ストレスコントロールの5つを提案している。すでに述べたように，これら5つのスキルは大学生活を送る上でも重要なスキルである。例えば，発達障害のある大学生から多く寄せられる対人関係の悩みやつまずきは「学生生活のルール」や「学生生活のマナー」というスキル獲得により解消されるケースも多い。また，大学生活において心身共に健康でいるために必要なのは「体調管理」と「ストレスコントロール」のスキルであり，さらに学業と他の活動とを両立させたり，就職活動と卒業論文とを同時にすすめるために必要なのは「時間管理」スキルである。このように考えると，在学中から上記の5つのスキルを獲得し，実際場面（大学生活）で運用していくことが将来の「就労」に繋がっていくと言えそうである。各スキルの詳細は表5-1（次頁）に示した。

6 セルフマネージメント力の向上の先にあるもの

　表5-1（次頁）に示したスキルは，大学を卒業した後の長い職業生活の中で必要となる最低限のスキルである。ここで，さらにもうひとつ重要なスキルを付け加えるならば「支援を求めるスキル」を挙げたい。どんな人も一人で生きていくことはできない。日常生活の中では「支援」というほど大げさなものでなくとも，誰もが誰かを頼ったり，支えられたりして生きている。しかし，発達障害のある人が，困った時に，誰に，どのように相談したら良いのか，何を相談したらよいのか整理がつかずそのまま問題を放置し，かえって事態を悪化させてしまうこともある。困った時，身近な人に「困っているから助けて欲しい」と発信するスキルを持つことは極めて大切なことである。このスキルも，上記の5つのスキル獲得へのスキルトレーニングを経て得られる。なぜなら，セルフマネージメント力獲得のベースは「セルフ」つまり「自分自身」の深い理解を必要とするものであり，その「自分自身の理解」の上に「自分にとって必要な支援の理解」があるからである。そうした意味でもセルフコントロール力獲得に向けての地道なスキルトレーニングは欠かせないのである。

表5-1 就労に向けて必要な5つのスキル

スキル	目標	項目
時間管理	時間管理において, 自分なりの工夫や調整ができる	予定を立てる力, 確認する力, 実行する力, 修正する力 例：予定の変更に対処する, 予定時間を予測して作業を行う, 〆切に間に合いそうにない場合には上司に相談して, スケジュールを変更する
職場マナー (学内マナー)	それぞれの職場に応じたマナーについて理解し, 運用できる	会話のマナー, 態度, 身だしなみ, 礼儀（お礼, 謝罪, あいさつ, 等） 例：職場の雰囲気にあった身だしなみを心がける, 休憩時間に避けた方が良い話題について理解している
職場ルール (学内ルール)	自分の職場のルールを理解し, 運用できる	対人ルール, 職場のルール 例：遅刻しそうになったら, 必ず事前に職場に連絡をする, 職場における「報連相」の方法・運用, 勤務時間中の態度, 言葉遣い
体調管理	自分の体調を把握し, 体調が悪くなりそうな時, 悪い時に悪化させないよう対処することができる	予防する力, 気づく力, 対処する力 例：規則正しい生活を送る, 体調の悪くなる兆しを把握する, 適度な休憩を取ることができる
ストレスコントロール	どのような状況が自分のストレスになるか把握し, 自分なりのリフレッシュ方法を持つ	予防する力, 気づく力, 対処する力 例：自分の感情を言葉にできる, 自分の落ち着く場所を持つ, イライラした時に自分なりの対処法を持つ, リフレッシュできる趣味や休日の過ごし方を知っている

7 スキルトレーニングの実際

最後に筆者らが取り組んだ支援の事例を紹介する。なお, 紹介する事例は, 個人が特定されないようプライバシーに配慮し内容を変更している。

（1）大学適応を目指したトレーニング事例

　男子学生A。自閉スペクトラム症の診断あり。人と関わりたい気持ちが強い一方で関わり方がわからず，急に話しかけてしまったり，近づきすぎてしまったりして過去にトラブルがあった。人と関わる経験の少なさから，話題選択が不適切であったり，敬語が使えず言葉遣いの不適切さもあった。また，大学という新しい環境で負荷がかかり，家に帰るとパニックになることがあった。家庭では，保護者がパニックを起こさないために先回りをして準備を整えたり，トラブルがあった時にはフォローするなど丁寧な関わりをしていた。一方でA自身は保護者に頼りきりで，自分のことを自分で行う機会が少なく，常識と思われるようなことでも知らないことが多かった。

① STARTプログラムでの様子

　Aの受講したSTARTプログラムの講座とその様子を表5-2（次頁）に示す。過去の対人トラブルやパニックの様子から，Aの中心課題は対人関係やストレスへの対処であると考えられた。まずは人と上手く関わろうとするのではなく，人とトラブルにならないためのマナースキルとして挨拶，前置き，パーソナルスペースといった内容を扱った講座への参加を促した。また，ストレスコントロールや学内ルールの講座の中で，ストレスに対処する方法や，困った時に学内支援機関を利用する方法を扱い，ストレスを抱え過ぎないための対処を学んでもらった。また，高校まではあまり求められなかったレポート課題提出の締め切り厳守や，定期試験日時・場所の把握などについても，今後のつまずきの原因になると考えられたため，定期試験を題材にしながら，予定の把握や優先順位，予定を立てる時間管理の講座への参加もプランした。

②経過

　Aの中心課題は対人関係とストレスに関するものであった。対人関係についてはこれまで「どのようにすれば人と仲良くなれるのか」という考えを中心に持っていたようだが，講座では「まずは関係を悪くしないことから始める」ことに考えを切り替えるようにアドバイスした。挨拶や前置き，パーソナルスペ

表5-2　STARTプログラムの様子

時間管理	授業や部活などの固定的な予定は良く把握している。しかし予定管理を記憶に頼っているためイレギュラーな予定を忘れる。受講後，予定を管理する大切さに気づき，手帳を使用しての予定管理を始めた。
職場マナー（学内マナー）	話をする前に挨拶や前置きをすること，人と適切な距離保つなど，マナーについて知らない事が多かった。受講後は授業場面などでも意識して実践するようになった。
職場ルール（学内ルール）	学内には相談内容に応じて様々な相談機関があることを知り，目的に応じて積極的に利用するようになった。
体調管理	入学直後に健康診断もあったが，自身の身長や体重も把握しておらず，自分で自分の健康状態を管理する意識は持っていなかった。
ストレスコントロール	自分がストレスと感じやすい事柄は把握しており，自分なりのストレス対処法を持っているとのことだった。しかし，その対処法はどこでもできる方法ではなかったため，結果的にはストレス対処がうまくいっているとは言えなかった。

スについて学ぶと，「そうだったのか」という気づきも多かった。講座で学んだ後は授業場面でも意識しながら取り組んでいた。また，学内の様々な支援部署を知っていくことで「わからないことがあっても相談に行ける」という見通しを持つことができ，ストレスをため込まないための予防につながった。そうした部署の中には，空き時間に居場所として利用できるコーナーを設けている場合もあり，Aが大学内でもリラックスして過ごせる場所を見つけることもできた。

③考察

Aはこれまでの対人関係のつまずきについて，そして，ストレスをため込むことによるパニックを何とかしたいという意識を強く持っていた。一方でその為に何をすればよいかについては知識不足であり，STARTプログラムの講座で知識理解と練習を行い，それを日々の大学生活での実践を通して学ぶ必要があった。高校までの環境では，保護者や担任の先生などに見守られ過ごしてき

た発達障害のある学生は多く，大学に入り，急に周囲の支援がなくなってしまうことで，大学適応につまずいてしまうことがある。大学適応の段階では，まずは最低限やらなければならないことを知識として確認し，実際の大学生活の中で実践することが大切になる。またその中で，自分では上手くできない場合の相談先を見つけたり，周囲に助けを求めるスキルを身につけることも重要である。

(2) 就労を目指したトレーニング事例

　男子学生B。自閉スペクトラム症（以下，ASD）の診断あり。精神障害者保健福祉手帳取得。礼儀正しく，物事には丁寧に取り組む。人には興味があり自分から話しかけることもあるが雑談が苦手で会話を上手く続けることができない。小学校の頃から不安になるとパニック様の行動や体調不良に陥りやすいため，服薬をしていた。中学高校の頃も同様の症状があり，教育相談室などを利用しながらの通学。本人の不安が強い時には家庭でも強い口調になり，物にあたることもあった。そうした経緯から大学生活へ不安を感じ，STARTプログラムへ入会。4年生まで留年することなく，進学していた。

① STARTプログラムでの様子

　Bの受けてきた講座の様子を表5-3（次頁）に示す。学生生活の様子からBの課題の中心はストレスコントロールにあり，ストレス場面状況に上手く対処できないことが，体調管理や時間管理といったスキル運用にも影響を及ぼしていると考えられた。職場ルール，職場マナーといったスキルについても本人が知らないことが多くあったため，そうしたスキルを本人に改めて提示したり，ロールプレイを行ったりしながらトレーニングを続けていた。

② 経過

　本人の課題が「ストレスコントロール」であることから，STARTプログラムのスキルトレーニングだけでなく学生相談室でのカウンセリングも勧めた。元々持つ礼儀正しさから大学窓口で職員と応対する程度では一般学生と変わらない印象の学生であり，3年生から一般就職を目指し，就職活動を行っていた。

表5-3　STARTプログラムでの講座の様子

時間管理	時間管理の講座を通してスキル獲得が概ねできた。しかし、ストレスコントロールがうまくいかないときには時間管理が難しくなる傾向がある。
職場マナー （学内マナー）	職場マナーについては知らないことが多かったため、知識として知ることと、ロールプレイを通してのスキル獲得を目指した。
職場ルール （学内ルール）	職場ルールについても職場マナーと同様に知識として知ることと、ロールプレイを通してのスキル獲得を目指した。
体調管理	それまで体調を崩すことが多かったが、体調を崩さないための予防、体調を崩した時の対処を学んだ後、体調維持に良い傾向が観られるようになった。
ストレスコントロール	自分のストレス要因を把握することが難しかったため、まずはその整理から始めた。さらに、ストレス要因別に対処法を考え、自分に合った対処法を実践した。

しかし、4年生になり就職活動について「書類選考までに書類が提出できない」「面接時間に間に合わない時間になってから目が覚める」といった不適応が目につくようになった。さらに、卒業論文の作成にも就職活動のプレッシャーが影響し、卒業そのものが危ぶまれるようになった。そのため、まずは大学を卒業することを目標に就職活動から一旦離れることを提案し、本人が集中すべきことを絞った。本人も自分の特性として様々なことを同時並行して取り組むことができないことはわかっていたようで、卒業論文に集中して取り組むようになると生活リズムが徐々に整い、無事に卒業論文を提出することができた。その後、本人と共に進路について面接を重ね、就職活動を始めるための準備はまだできていないという結論に至った。週5日働くのであれば、週5日の午前9時から午後5時までは活動が可能になるような生活リズムと体力をつけることが必要であるなどの目標が明確になり、大学卒業後は就労移行支援事業所へ通うことになった。

③考察

　もともと人に対して興味があり，大学生活の中では友人との交流があり，大学職員とも（やや固い部分はあるものの）良きコミュニケーションができる学生であったため，Bの卒業後の進路はスタッフにとっても想定外ではあった。しかし，人と接する力はあっても，働くために最低限必要な「生活リズムを整えること」「毎日通うこと」ができなければ働き続けることが難しい。そのため，Bに対して本人の中心課題であるストレスコントロールを主に扱いつつ，時間管理や体調管理のスキルの運用ができることを目標として提案した。そして，それらのスキルのベースになる「自己理解」も深めることも同時に目標にした。

　今回の事例のようにソーシャルスキルに良好さがあっても「働くために必要なスキル」を運用することができないことがある。そういった学生に対しては，卒業後の進路をともに考える機会を作り，必要なスキルについての必要性の理解を促した上でスキルトレーニングを実施することで，トレーニング経過の中での経験が自分自身を整理していく機会にもなるようである。

【引用・参考文献】

小貫悟，東京YMCA　ASCAクラス（2009）LD・ADHD・高機能自閉症へのライフスキルトレーニング．日本文化科学社．

第6章

大学での当事者グループの運営

村田　淳

1 はじめに

　大学における発達障害のある学生への支援は，様々な場面，領域，方法によって実施される。現在では障害学生支援という言葉が一般化しつつあるが，このような状況になる前から様々な支援が実施・模索されてきた。障害学生支援は大学の重要な役割のひとつとして認識されはじめているが，それは以前から実施されてきた様々な取り組みの延長線上にあることを忘れてはならない。その意味では，現時点の取り組みも今後の支援のあり方を考える上で延長線上にあるものだといえる。本章で紹介する京都大学における当事者グループの試みも，そのような取り組み（支援の可能性）のひとつとして記述したい。

　京都大学は学生数23,000名程度の大規模な総合大学である。以前から，障害のある学生への支援は行われてきたが，その活動がより本格的に展開されるようになったのは，2008年4月の障害学生支援専門窓口の設置以降であるといえる。その後，何度かの組織改編を経て，2013年8月からは「学生総合支援センター 障害学生支援ルーム」が障害学生支援の中心的な役割を果たしている[i]。もちろん，障害学生支援ルーム以外の窓口でも発達障害のある学生は相談の対象者となっている。たとえば，学内の診療機関である健康科学センター（保健診療所）や学生総合支援センター内のカウンセリングルーム，さらには各学部等のなかに設置されている相談窓口などである。障害学生支援ルームでの相談・支援がこのような組織と異なる点は，障害を社会モデルで捉えることを基盤に，

---

[i] 学生総合支援センターには，障害学生支援ルームの他に，「カウンセリングルーム」「キャリアサポートルーム」が設置されている。

大学における様々な障壁の解消を主なミッションとして，対象となる学生や教職員とかかわっていくという点である[ii]。

障害学生支援ルームでは，発達障害のある学生に対して，修学・研究上で必要となる支援を様々な形で実施している。また，必要に応じて就職活動に関する支援も実施しており，学生によっては，数年間という長いプロセスでかかわっていくことも少なくない。ここでは，そのようなプロセスにおける様々な支援のひとつとして，発達障害のある学生のグループ活動を紹介する。

2 "当事者によるグループの形成"という支援 ──「自助会」のなりたち

障害学生支援の専門窓口が設置されてから1年半がたった2009年の秋頃，ある学生（Aさん）から「レポートがうまく書けない」，「効果的，効率的な勉強方法がわからない」という相談があった。発達障害のある学生からの同様の相談は少なくない。このような場合，支援者としては特性や状況（課題内容や他の課題スケジュール等）をふまえてアドバイスを行い，必要に応じてレポートを書くための具体的な構造（時間や場所等）を与えていくというようなプロセスをたどることになる。ただ，この時は同じタイミングで異なる学生（Bさん）からも同様の相談が寄せられていた。また，AさんもBさんも，同じように京都大学に在籍する発達障害のある当事者（学生）と接点をもちたいという希望もあったことから，支援のひとつとしてグループを形成して，学生生活や支援などについて話し合いができないかと考えた。これがグループ活動のきっかけである。

当初，筆者はグループ活動の目的を，①修学・研究上の悩みを共有し，何らかの解決策を見いだすこと，②同じような特性があり，学内で孤立しがちな学生たちの精神的な居場所づくり（友人づくり），と考えていた。もう一人の当事者である学生（Cさん）を加えてスタートしたグループ活動は少なからずこの

[ii] 京都大学における障害学生支援は社会モデルの視点で実施されるため，正式な支援対象者とは「障害等の理由により，修学・研究上において何らかの配慮が必要になる学生」を指している。もちろん，発達障害のある学生への対応にあたっては，正式な支援対象者の他にも個別に相談を実施しているケースは少なくないため，本稿で記述する発達障害のある学生は全体のごく一部である。

効果があった。

　学生たちによって「自助会」と名付けられたこのグループ活動（当事者懇談会）は，月に1回ペースとそれほど頻繁な取り組みではなかったが，コツコツと継続的に実施していくことになる。その後，新しく学生が加わり，（卒業等によって入れ替わりはあるものの）毎回数名の学生たちが集まる場となっている。

　グループ活動の実施にあたっては，支援者としての迷いもあった。学生それぞれが直面している課題は，単発的なもの，単純なものではない場合が多く，環境要因等も加味した包括的かつプロセスを意識した相談・支援が必要になる。このような状況下で部分的な課題について，学生生活をおくる上で不安定な状況ともいえる当事者間で共有し，解決策を模索することが，それぞれの学生にどのように作用していくのか，ほとんど想像がついていなかったというのが率直な感覚であった。このような迷いも含めてグループ活動の実施を検討していたが，学内のカウンセラー等に相談した結果，「学生だけに運営を任せるのではなく，支援者がファシリテーターとして参加し，取り組み全体を緩やかに構造化するなかでグループ活動を実施していく」ことで試験的にスタートすることになった。

　また，どのような学生にも参加を認める（広く周知する）という方法ではなく，通常の相談や支援でかかわりがあり，グループ活動という場を共有できると判断した学生を対象とした。たとえば，精神的に不安定であったり，過度なストレスがかかっていると考えられるような状態である場合，また，発達障害やその特性について否定的な印象や嫌悪感を強くもっていると判断されるような学生は参加対象としないことにした。また，対象と考えられる学生に対しても積極的に参加をうながすことはせずに，「支援のひとつとして，このようなグループ活動もある」ということを示し，学生本人に参加希望がある場合のみグループに加わってもらうこととした。このような条件があるため，「自助会」はとても限られた学生に対するグループ活動であるといってよい。ただ，ある程度の条件のなかで対象を限定しているからこそ可能となる"濃い話題（とても核心的で，有意義な話題）"が多いのも事実である。参加メンバーが大きく入れ替わった現在も「自助会」は継続しているが，このようなコンセプトは基本的に変わっていない。

「自助会」は当事者中心の懇談会ではあるが，実際にはある程度の部分が構造化されている。一回の活動は1コマ（90分）で，活動のおおまかなタイムテーブルは決まっている。冒頭に簡単な自己紹介をした後に，学生ごとに近況報告を行ってもらう。近況報告の内容は，学生生活のことや私生活のこと，障害特性や支援に関することから趣味の話まで何でも構わない。ただ，この自己紹介や近況報告で何を話して良いかわからないという学生もいるため，事前に個別に相談しておくこともある。毎回同じようなタイムテーブルにしておくことで，新しく加わった学生も何度か参加しているうちに要領を得てくる。

また，先に述べたとおり，支援者がファシリテーターの役割を果たし，このような流れを緩やかに構造化していく状況のなかで実施されている。たとえば，全体の時間配分や参加者ごとの発言のバランスなどに気を配りながら，それぞれの発言を整理したり，同じ特性の学生たちが共有しやすいような話題を結びつけていく役割を果たす。端的にいえば，「それぞれの学生がもつエピソード（経験や感覚）を共感的に共有し，障害特性などをふまえながらグループ全体で共有できる感覚を抽出していく」ことをサポートするのである。もちろん，強引に障害特性と結びつけたり，必ずしも感覚を共通のもの（絶対的なもの）にすることはしない。それぞれのエピソードのなかから，「学生たちが自然に共有できるエピソードを丁寧に紡ぎ合わせる」というようなイメージである。

3　グループ活動「自助会」がもたらすもの

「自助会」では，その取り組みそのものが生み出す"わかりやすい効果"と"わかりにくい効果（注意深く関わると，浮き上がってくる効果）"がある。

まずは，比較的"わかりやすい効果"について，2点あげる。

1つめは，時間と場所，そして，コミュニティを提供することで自動的に生まれる学生たちの"リズム"である。大学はそれまでの教育機関と異なり，環境や他者がもたらす外在的な構造は極めて少ない。多くの学生は，環境に早々に慣れることや課外活動などへの参加によって動きやすい状況をつくりだし，自然にかかわり合う人間関係から外在的な構造を得る。そして，このような自然な構造をあまり意識せずにつくりだし，それが学生生活の一定のリズムになっ

ていく。発達障害のある学生も同様に構造をつくっていくが，学生によってはこのプロセスそのものに困難さをもっていたり，表面上は構造をつくりだし一定のリズムが整ったとしても，何らかの要因で破綻していくようなケースも少なくない。「自助会」は，とても緩やかな集まりであるが，コンスタントに開催されて，そこでは顔なじみの人たちに継続的に会う。また，その活動は同じような特性があることが前提となっているため，安心して参加することができる。さらに，コンスタントに開催することで，支援者としても様々なアプローチが可能となる。些細な声かけができるようになったり，授業への出席状況はどうなっているかなど，大きなつまずきを未然に防ぐような効果もある。

　2つめは，「自助会」のなかで共有する"タテとヨコのつながり"である。多くの学生に比べて，学生間のコミュニティ（インフォーマルな情報源）から孤立しがちな発達障害のある学生は少なくない。「自助会」での話し合いは，下級生にとって同じ特性のある上級生に気軽に相談できる場として機能する。さらに，上級生にとっても，下級生（過去の自分と同じような経験をした学生）のエピソードは，改めて自分自身を見つめ直すきっかけにもなる。これは余談だが，上級生たちは，このような話し合いになった時に，下級生に極めて優しく本質的な言葉を返すのである。これは，単に微笑ましい状況であるということにとどまらず，当事者間で課題を共有して懇談するという「自助会」の大きな意義だといえるだろう。

　次に，"わかりにくい効果（注意深く関わると，浮き上がってくる効果）"についても，2点あげる。

　1つめは，「自助会」をつうじて"自分のことが自分たちのことになる"ということである。発達障害のある学生自身が感じる困り感や経験は，支援者からみれば発達障害のある人にとってある程度一般的な，共通する部分のひとつとして認識できる場合がある。ただ，学生本人にとっては，その困り感や経験は自分自身の固有のものであるという感覚がある。その場合，「特性ではなく，自分の努力不足」，「自分の性格や考え方が悪い」，「他の学生に比べて能力がない」など，自分のことを悲観的にみてしまうことがある。一方，「自助会」では，学生が固有のものと感じている困り感や経験のエピソードが，共感し合うエピソードに変わるタイミングがある。これは，いつも，全てのエピソードで

おこるわけではないが，時々おとずれる"ピンとくる瞬間"はとても大切である。このタイミングで，"自分のこと"が同じような特性のある"自分たちのこと"に変化し，自分自身から離れた外在化されたものに変わる。外在化することで，客観的な感覚をもつことも可能になり，たとえば困り感に対する考え方や課題に対する具体的な対応策などの話し合いが可能になる。これは，一般的な表現をあてはめると"自己理解"というものにつながるものかもしれないが，学生たちの認識に与える影響は大きく，単純に"自己理解"という言葉では表せないようなものだと考える。

2つめは，「自助会」の参加者の構成によっておこる"マイノリティとマジョリティの逆転と，それに伴う意識変容"である。先に述べたとおり，「自助会」は発達障害のある学生に加えて，ファシリテーターの役割を果たす支援者が参加するが，支援者は一人であることがほとんどである。これによって，あるエピソードに対する参加者全体の共感の仕方，感想，思考，意見などの傾向にある特徴が生まれる。学生たちがいつも同じ感覚をもつわけではないが，少なからず共通する部分があり，「それはそうだよね」，「私もそう思います」，「同じようなことがありました」など，その場においてはよくあるエピソード，つまり，"多数派"となるのである。一方，支援者は"多くの一般的な他者"の役割を果たし，（あえて極端に）定型らしい感覚で参加することで，その場においては学生たちには共感しにくい"少数派"になる。この状況下では，たとえばコミュニケーションや想像力，社会性などのスタンダードは"多数派"，つまり，発達障害のある学生たちとなり，彼らはとても新鮮な感覚をもつ。これによって，学生たちが日常で感じているマイノリティとマジョリティの関係性やその状況を俯瞰的に感じることができるため，多くの他者が"少数派"である自分のことをどのように見ているのかに気づいていく。また，本来"多数派"であるはずの定型らしい感覚で参加する支援者は，孤立感をもち排他的な状況を経験すると同時に，いかに多くの物事が定型的に，統合的に処理されているかを知る機会となる。このような逆転現象から得る気づきによって，「自助会」という取り組みは一層ユニークなものになっていく。

このような一見"わかりにくい効果"は，彼らが"文化"を共有するようなものなのかもしれない。このような"わかりにくい効果"を通じて，"定型さ

ん"という言葉(登場人物)が生まれた。この"定型さん"を参加者でつくりだし，その思考や言語・行動の特性を分析し，さらにこのような"定型さんたち"がつくりだす社会的な状況やコミュニティを分析していく。「そうか，定型さんはこういう思考なのか」，「定型さんって，こういうこと(私たちが考えるようなこと)はあまり考えていないのですね」，「定型さんは，本当に変わっていますね」，といった具合である。この作業がとても有意義かつ楽しい作業で，学生がそれぞれのコミュニティに戻った時にとても役に立つものであると考える。「自助会」によってもたらされる"わかりにくい効果"は，定型の世界を知る"他者理解"にとても有効なのではないだろうか。

4 新たなグループ活動 ──「Co-Working」への展開

「自助会」には一定の効果があると考えられるが，学生のなかには「自助会」に参加することが難しい学生もいる。また，「自助会」を効果的にすすめるにはある一定数の参加者を確保する必要があるが，授業等で忙しい学生たちが頻繁に参加することは難しい。一方で，学生によってはグループ活動の回数をもう少し増やしてほしいという声もあった。このような状況のなか，新たに発達障害のある学生の自習会「Co-Working(コワーキング)」を実施することにした。

「Co-Working」は発達障害のある学生たちがそれぞれで自習(Work)を行うという，至ってシンプルな取り組みである。場所は，障害学生支援ルームに併設している多目的室を利用し，週に3コマ程度の時間を設定している。場所と時間を提供しているだけの支援ともいえるが，学生たちのリズムづくりにはある一定の効果がある。もちろん，授業等の予定があるため，全てに参加している学生は少ないが，週に1コマだけでも定期的に参加することに意味があると考えている。基本的には，大半の時間でそれぞれの学生が自習をしているが，挨拶や雑談などがあるため少なからず学生間のかかわり合いがある。やや抽象的な表現になるが，イメージは"中学校や高校で，急に授業がなくなり自習時間に変わった時"のような空間を目指している。主に(一応)，自習に取り組んでいるものの，しっかりと集中しているわけではない。ときには雑談をし

たり，誰かの自習内容についてみんなで話し合ってみたりする。このため，参加する学生には，「期限が迫っているレポートや集中して暗記しないといけないような課題には適していない自習会」であることを伝えている。あくまでも，"自習を題材にしたグループ活動"という支援なのである。

　また，「Co-Working」の実施中は障害学生支援ルームのスタッフ（基本的に1名）も同じ部屋で仕事（Work）をしている。学生にとっても，懇談会形式の「自助会」と比べて様々なタイプの学生が参加しやすく，緩やかな構造のなかでコミュニティにかかわることができる。学生たちも毎週のように顔を合わせるので，少しずつ距離感も縮まり，活動の前後では障害学生支援ルームで一緒に昼食をとるようになるなど，関係性ができてくる。支援者としても定期的に学生たちと会う機会になるため，様々な意味で有効な時間である[iii]。

　このような「自助会」とは少し性質の異なるグループ活動を，支援のひとつとして提供している（それぞれの活動の特徴は，次頁の表6-1を参照）。学生たちがそれぞれの状況に合わせて，このようなグループ活動に，あくまでも緩やかにかかわり，学生生活のひとつの軸として機能することを目指している。

5　おわりに

　グループ活動という支援にある程度の効果があることは，ここまで述べたとおりである。ただ，グループ活動において気をつけておかなければならないことがいくつかある。まずは，"グループ活動を一人歩きさせない"という点である。グループ活動そのものには，大学生活を円滑におくるための直接的な支援が含まれているわけではない。あくまでも，個別の相談・支援との連動性が大切である。グループ活動に参加するまでには，支援者としてその学生のことを

[iii] 現在，「Co-Working」の枠の一部を利用した「木曜学会」という取り組みがスタートしている。学生たちが取り組んでいる勉強内容や研究内容を参加者間でシェアする取り組みである。支援者がファシリテートし，それぞれが短時間で発表と質疑応答をするが，それぞれの学生は学部や学科，学年が異なるので内容はそれほど難しくないものという制限がある。ゼミ（演習）形式が苦手な学生も多いので，単純に発表の練習になると同時に，「Co-Working」に参加する目的（意味付け）の機能もある。スタートしたばかりなので，また別の機会で情報提供したいと考えている。

表6-1 「自助会」と「Co-Working」の特徴

	自助会（2009年〜）	Co-Working（2014年〜）
形式	当事者の懇談会	当事者の自習会
実施状況	月に1回程度（1回90分）	週に3コマ程度（1回90分）
タイムテーブル	有り（いつも同じ）	無し（途中の入退室も可）
参加対象	対象者を限定	自由参加（対象者はひろい）
支援者の位置づけ	ファシリテーター	管理人としての見守り
主な内容	エピソードの共有	時間・場所の共有

しっかりとつかんでおく必要があり，学生との信頼関係も不可欠だろう。また，グループ活動で顔を合わせたり話をしたりすることと，個別の相談・支援とはやはり性質が異なる。あくまでも，グループ活動と学生個々と向き合うことは補完関係にある別のものとして認識しておくことが必要である。そして，何よりもグループ活動そのものが，参加する学生の傷つき体験につながってしまうことを避けなければならない。ある程度うまくいっているように見えるときでも，やはりそのリスクがないとは言い切れない。支援の一環としてグループ活動を行う以上，支援者が何らかの形でかかわり，学生たちが安心して活動できるように支援していく必要がある。

　また，グループ活動は単に同じような特性のある学生を集めて活動をすれば良いというものではない。活動の内容は，どのような学生が多い傾向にあるのか，また，どのような環境下であるのかなどによって，適切に調整していく必要がある。また，年齢的にも大学生（もしくはそれ以上の方）の場合に，より効果が確認できるものであろうという認識もある。これらの意味において，ここで紹介したような方法が，けっして普遍的なグループ活動のあり方ではない，ということをご理解いただきたい。純粋に当事者だけで行うグループ活動やレクリエーションを行うようなものも含めて，様々な方法が考えられるだろう。

　本章では，京都大学における発達障害のある学生のグループ活動について紹

介した。いくつかの効果や留意点を述べたが，様々なことを加味した上でコツコツと続けていくことが大切だと考えている。活動のなかでは，まれに卒業生（グループ活動の元参加者）が参加することもある。学生の頃の話をしてくれたり，就職活動のことや社会人として働いている様子などを情報提供してくれる。また，（学生たちの要望により）就労支援の専門家をゲストで招き，セミナーのようなものを開催したこともある。コツコツと続けていくなかで，グループ活動の場を様々な活動のベースにすることもできるかもしれない。京都大学での取り組みも現在の状況を最初から考えていたわけではなく，一人ひとりの学生と向き合っていくなかから生まれた取り組みである。学生たちとつくり上げてきた「自助会」や「Co-Working」というグループ活動の実践から，少しでも相談・支援のヒントになるようなことがあれば幸いである。

【引用・参考文献】

青木健次・和田竜太・村田淳（2011）京都大学における発達障害の学生相談の現状と課題．精神療法，37，166-172．金剛出版．

水野薫・西村優紀美（2013）発達障がい大学生への小集団による心理教育的アプローチ―ナラティブの共有とメタ・ナラテイブの生成．学園の臨床研究，12，19-27．富山大学保健管理センター．

村田淳（2014）支援の場から学びのコミュニティへ―京都大学の障害学生支援．嶺重慎・広瀬浩二郎(編)．知のバリアフリー―「障害」で学びを拡げる．45-68．京都大学学術出版会．

高橋知音（2012）発達障害のある大学生のキャンパスライフサポートブック―大学・本人・家族にできること．学研教育出版．

第7章

実習場面での支援

西村優紀美　水野　薫

1 実行を支える支援

　障害学生支援とは，障害特性を起因とするさまざまな修学上の困りごとや問題を解消するための実質的な支援を行うことである。問題の多くは，彼らの「社会的コミュニケーションの障害」や「実行機能の障害」が要因となっており，支援者はどのようなプロセスを経て，修学上の問題として表面化してきたのかを探り，彼らの実行を支える支援を行う必要がある（西村, 2015）。実行を支えることによって体験される経験的学習は，発達障害学生の自己認識を育む体験となり，青年期の発達を促すものとして重要な意義を持つ。障害特性や困難さへの直面化は，過去のネガティブな体験を再認識する場面でもあるが，支援者との対話により問題を外在化していく中で，学生は「問題」そのものよりも，「問題解決のプロセス」に視点が移り，自己解決できる実感を獲得していく。

2 実習場面における困難さ

　実習の支援は，修学支援の中でまさに「実行を支える支援」が最も必要でありながら，最も難しい場面である。ここでは，教育実習，医療系・福祉系の臨床実習・実務実習を「実習」と表記する。
　発達障害のある学生が実習を行うとき，彼らの持つ障害特性が，実行を妨げる要因となる場合が多い。たとえば，自閉症スペクトラム障害の学生は次のような障害特性が実習場面で影響を与える。

（1）環境への適応

環境に馴染むことや建物の構造を把握することに時間がかかる。視覚的な感覚過敏や人との距離感への過敏さから、心理的緊張感や身体的不調を訴える場合もある。また、環境を全体的に把握することが難しい場合、部屋の移動に迷ってしまうこともある。感覚に関する困り感は目に見えず、一人ひとり異なるため、把握すること自体難しい場合がある。

（2）臨機応変な対応

実習は座学で学んだ専門知識を場面に応じて引き出し、目の前に起きている状況に照らし合わせ、適切に判断し実行することが求められる。自閉症スペクトラム障害の学生は、このような思考のプロセスを素早く行うことが難しく、自分自身の知識（わかること）と実行（できること）とのギャップに挫折感を持つことがある。教員も「成績は優秀なのに、なぜここでつまずくのか」と戸惑い、「努力が足りないのではないか」と本人のやる気に原因を求める場合もある。下学年での成績が良くても、実習でうまくいかないケースは、このような理由が要因となっていることがある。

（3）同時並行で行うこと

対人援助職の場合、行うべきことが複数あり、一つひとつのことを順番にこなしていくよりも、同時並行的にこなしていく場面が多くなる。自閉症スペクトラム障害の学生や注意欠如・多動性障害の学生は、一つのことに集中すると他のことに注意を向けることが難しかったり、忘れてしまったりすることがある。また、うまく対処できなくなった時に、思考が止まってしまうほど混乱してしまうと表現する学生もいる。

（4）急な予定の変更や曖昧な指示

発達障害のある学生にとってはわかりやすく構造化された環境であっても、予定外の出来事が起きた時に、想定していたスケジュール通りにならないことへの驚きと不安感で混乱することがある。暗黙の了解事項があたかも自明のこ

とのように扱われたり，曖昧な指示を出されたりした場合，学生は混乱する。指示通りに行ったにもかかわらず，「気が利かない」，「状況を見て，自分で判断しなさい」と言われることがあるが，指示されたこと以外のことをくみ取れず，周囲が期待することを行えない場合が多い。

(5) 対人コミュニケーション

　教育実習では，授業はもちろん，授業以外でも重要なのは，児童・生徒とのコミュニケーションである。臨床実習・実務実習も同様で，病気や疾病の治療や看護には対人的コミュニケーションが必須となっている。利用者（児童・生徒，保護者，患者）とのコミュニケーション，実習担当教員や実習先の指導者とのコミュニケーション，あるいは，実習グループ内での他学生とのコミュニケーションが，実習を遂行する上で大切なスキルとなる。

　しかし，発達障害のある学生にとって，実習の中心的課題は，指導案通りに教育すること，あるいは，医療従事者としての役割を遂行することと認識しているため，役割遂行を支える「態度」のようなものを常に意識し続けなければならないことに思いが至らないことがある。このような「指導者としての態度」や「医療従事者としての態度」は，職業意識にも大きく関係しており，将来の職業人としての自己像を描きつつ，実習に臨むという二重の立場を意識することは，発達障害のある学生にとって難しいことである。

3 実習における支援

　実習の場合，大学だけでなく実習先も同様の配慮を提供する必要があるため，支援に当たっては実習先との連携が必要不可欠である。学生との話し合いの結果，支援が必要であると判断された場合，学生本人に支援を要請する意思があることを確認するとともに，支援の方法と支援内容に関する確認を行い，結果に関する振り返りを行いながら，より適切な支援を行うための対話を行っていく。振り返りは支援の効果と問題点を明らかにすると同時に，学生自身が実習を通して自身の障害特性を認識することが期待できる。実習開始における配慮は，①実習先との連携，②実習先の事前観察期間の設定，③必要な準備や配慮

に関する支援会議，④実習中止要件の確認等があげられる。実習中止が決定された場合，再度実習を行える条件も明確にし，必要な技能・技術の習得，心構え，心身の回復等への支援を行っていく。実習先との連携に際しては，本人の了解を得ると共に，関係者による「集団守秘義務」の徹底をはかることが重要である。

4 事例紹介

発達障害のある学生に対する支援内容の決定過程について，二つのケースを挙げ，支援の在り方について述べる。なお，事例は複合事例であり，掲載についてはそれぞれに本人の了解済みである。

(1) 技術・技能の習得が充分ではなかった医療系学部生のAさん

Aさんは高校までは学年トップの成績を収めるなど優秀な生徒だった。大学は，希望する医療系学部に進学。大学では専門科目が増え始める3年生の中ごろから，「自分には能力がない」と悩み始め，3年生後期に精神科を受診したところ，自閉症スペクトラム障害の診断を受けた。その後，4年生の講義（客観的臨床能力試験を含む）は休みがちだったものの5年生に進級し，21診療科を3週間ごとに交代して体験するという臨床実習が始まった。ところが，開始早々に実習現場から無断離脱してしまい，支援室に実習支援の要請があった。

【Aさんの語り】

他の学生はすることがわかっているのに，自分だけがわからない状況の中で，いたたまれない気分になる。手術着に着替える時，首の後ろでひもを結ばなくてはいけないが，手元が見えないので結べなかった。手間取っていたら厳しく注意され，怖くてもう実習には行けない。

【支援の流れ】

Aさんとの話し合いの中で，Aが望む配慮について明らかにしていった。Aさんの不安をAさんの配慮願いに置きかえ，①具体的で明確な指示があるとわ

かりやすい，②穏やかな口調で，端的な指示を出してほしいという願いを，翌週の実習初日に実習先へ伝えた。実習担当教員から，「担当を希望に近いタイプの教員にして，その教員から具体的な指示を出す」，「3週間ごとに変わる診療科に対しては，学務担当者から配慮事項についての連絡をする」という配慮が行われた。その結果，21の実習先のうち，8か所はクリアすることができたが，次第に実習初日に体調不良を訴えて欠席することが多くなってきた。Aさんは，「実習レポートが書けません。不器用で手袋をはめるのにも手間取ります」と訴え，家族および学部教員を交えた話し合いの結果，実習の継続は難しいと判断し，実習中止となった。中止が決定した後は気分も安定し，支援室の小集団活動に参加して，自分の特性を見つめる機会を持った。また，手術着や手袋を購入して練習したり，専門知識の復習をしたり等，次年度からの実習に備えた。

　実習2年目も早々に実習を休みがちだった。理由を尋ねると，「考察が書けません。先生にも『何を勉強してきたの？』と言われます。みんながとても優秀に見えます」と語った。この時点で，4年生の後半に行われていた客観的臨床能力試験（OSCE）のための事前学習を，体調不良のため欠席がちであったことが判明した。

　支援者としては，Aさんの語りを中心に状況を整理し対応策を模索してきたが，実習の状況が見えにくく，Aさんの困りごとに対応するための判断材料が少なく支援に行き詰まりを感じ，客観的な状況の把握のために，実習を終えた6年生にインタビューを行った（水野・西村・桶谷・日下部，2015）。インタビューから得た重要ポイントは，①実習先によって，臨床時間が異なり，実習内容も異なる，②担当教員によって対応が大きく異なる，③実習のしおりや予定表は，たびたび変更される，④グループに配属するが，一人で行動することがある，⑤専門的技術はOSCE実習（客観的臨床能力試験）で学んだことが役に立つ，などであった。インタビューの内容について，Aさんにも確認してもらい，再度，不安について整理した。Aさんは，「OSCEの練習は体調不良のためあまり参加できなかった。触診の仕方などの技能や基礎知識が不十分。先生に叱られているような気がする」と不安や気分の落ち込みの原因が技術・技能の練習不足が原因であることに気づいた。学部教員に事実を伝え，検討を行い，担当教員に個別指導を受けるとともに，OSCEの事前学習に再度参加する

という合理的配慮の提供を行うこととなった。配慮の結果，Aさんは，「丁寧に教えてもらってわかりやすかった。自分は不器用なので何度も練習する必要がある。何度かやってみるとできるようになって安心した」と言い，その後の実習には自信をもって参加することができた。

【まとめ】

未経験のことに対する不安は，Aさんの自己否定的感情を誘発した。しかし，チーム支援により，不安の原因を明らかにしていく中で，本人の障害特性による混乱によるものであったことが判明した。

図7-1は，本人の困りごとと影響している障害特性，そして特性への配慮を整理したものである。Aさんにとって3週間ごとに実習先が変わることは大きな負担であり，今もすべてを終了してはいない。臨床実習の計画自体が，すべての学生にとって厳しくエネルギーのいる体験であることを考えると，支援の在り方を議論していく必要はあるが，合理的配慮の定義を念頭に，できる限り参加の機会を提供していく必要があると考えている。

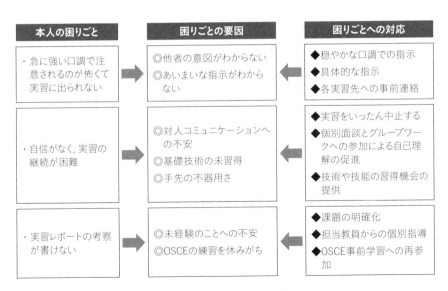

図7-1　Aさんの困りごととその要因・困りごとへの対応

（2）大学2年生から修学支援を行った医療系学部生のBさん

　Bさんは小学生の頃から忘れ物が多いことを担任から指摘されてきた。保護者はBさんの特性をよく理解しており，苦手な部分について家族がサポートしながら，高校までを乗り切ってきていた。大学2年目の前期に，混乱したBさんの様子を心配した保護者が大学の支援室に訪ね，「レポートが提出できない。欠席せずに講義に出ているが試験の成績が悪く留年した。本人も落ち込んでいる」と語った。

【Bさんの語り】

　毎週実験があり，レポートがたまる一方。授業中に配られるプリントは内容がよく似ているので，どの講義のプリントなのかわからなくなる。先生の顔と名前が一致しないので，ますますどの授業だったかわからなくなってしまう。授業中，講義内容からふと別のことを連想してしまい，気が付いたら講義が終わっていることがある。

【支援の流れ】

　支援者は，本人及び保護者の支援要請を受け支援を開始した。まず，Bさんの同席のもと学部教員との打ち合わせを行い，教授会での審議を経て，①配布物に日付と担当教員の名前を明記，②ICレコーダーでの講義内容の録音の許可の2点について，合理的配慮の提供を申請した。授業担当教員から，「レポートは書き方のポイントと内容の完成度も大切だが，提出期限を守ることが大切である」と伝えてもらい，期限が過ぎているレポートについても提出するように指示してもらった。また，支援者との定期的な面談を通して，持ち物管理とスケジュール管理に関する支援を行った。講義ごとにプリントをファイルし，スケジュールについては，面談のたびにスケジュール帳を確認し予定を書き込むこと，課題やテスト対策や準備計画を書き込む等，スケジュール管理の定着を図った。その結果，実験レポートをすべて提出することができ，前年度取りこぼした単位も取得し，進級することができた。その後，自分の学習スタイルを体得し，「自分は何をやってもうまくいかないダメ人間だと思っていましたが，

こつこつ積み重ねれば，できるのだとわかりました」と語るまでになった。

長期休暇中に，Bさんは一人暮らしや薬局でのアルバイトを経験した。一人暮らしでは，自分の生活全般に気を配らなければならず大変だったようだが，時間や空間を自分自身の判断でアレンジすることや，将来の職業にかかわる職場でのアルバイトは，職業イメージを持つために意義のある体験となった。

4年生の『実務実習のための事前学習』は，膨大な分量を記憶し学ぶ必要があり，どの学生にとっても大変だったが，低学年で学習スタイルを身に付けていたBさんは，「苦しくないです。自分は数回やらないと記憶できないので，コツコツやるしかないです」と言い，自分のペースで課題をこなしていった。ノート作りを工夫したり，模擬問題を作成したりする等，自身の工夫が随所に見られるようになるなど，目の前で起きていることを自分のこととして捉え，取り組もうとしているBさんの姿があった。

4年生の12月から，OSCEの事前学習が始まった。担当教員から，「Bさんには無理なのではないか」と心配する声もあったが，支援者は，「繰り返し体験すればできるようになっていくと思います。本番の試験まで見守ってほしい」と伝えた。その後，Bさんは繰り返し事前学習を練習し，OSCE試験に合格することができた。担当教員は，「このままでは試験に合格するのは難しいのではないかと思いましたが，回を重ねるごとに上手になっていき，無事に合格することができました。Bさんは時間をかけてゆっくりやれば，できるようになっていく人なのですね」と語り，配慮により一定水準まで到達できるようになる学生が存在することを認識するに至った。

【実務実習における配慮】

5年生の実務実習については，学部教員の方で実習先についての配慮があった。病院実習は，Bさんが慣れた環境で，関係者が連携しやすい附属病院になった。学外実習（薬局）は家から通いやすく，大学関係者が勤務している薬局に配属された。これらの配慮はあったものの，病院実習，学外実習ともに，他の学生と同様に問題なく終えることができ，Bさんも，「実習は楽しかった。自分には薬局という環境があっているのかもしれない」と語った。実習担当教員からは，「職場環境のマッチングさえうまくいけば，Bさんは専門職として働ける

と思う」という評価をもらい，Bさんの大きな励みとなった。

【まとめ】
　Bさんは修学の段階でつまずき，支援が開始された学生である。授業に関する評価基準は変えず，学び方の指導（教員への質問，先輩から学び方のコツを指導される等）を受けるという配慮が行われ，他の学生と同等の基礎的専門知識を習得していった。また，実験レポートが出せないという問題に対しては，スケジュール管理などの支援を受けて，確実に課題を提出していった。このような低学年での学習のスタイルが，実習において非常に役に立ち，膨大な「実務

図7-2　Bさんの困りごととその要因・困りごとへの対応

実習のための事前学習」をこなし，実務実習へと進むことができた。図7-2はBさんの困りごとと影響している障害特性，そして特性への配慮について整理したものである。本人を取り巻く関係者の配慮と本人の努力が功を奏した支援事例である。

5 おわりに —— 実習場面での支援のポイント

最後に，実習場面での支援を行う上でのポイントを整理したい。実習場面は，発達障害のある学生の困難さが顕在化する場面でもある。その中で，高等教育機関としての教育の質を保ちながら，適切な支援を行っていく必要がある。知識を基盤においた経験的学習の場を，発達障害のある学生の特性を念頭に整えていくことは，教育全体の質の向上につながっていくものと考える。

図7-3は，実習場面の支援において重要となるポイントを挙げたものである。

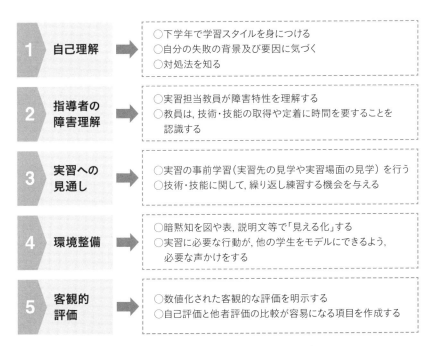

図7-3　実習場面の支援において重要となるポイント

修学全体の中で実習だけを支援することは難しく，前提となる「学ぶ態度」や「苦手に対する対処法を知る」等，基本的な学習への向き合い方を低学年のうちに体験しておく必要がある。また，技術・技能面の習得に関しては，モデルを示すと共に，繰り返し学ぶ場を提供することが大切である。環境の調整や客観的評価に関する工夫や配慮は，発達障害のある学生にとって有効であるばかりでなく，すべての学生にとって優れた教育環境を創造する視点となるものである。

　最後に，支援者として重要な点を整理する。支援者は，学生が直面している問題が，本人の障害特性とどのように関連しているのかを，正しくアセスメントする役割を担っている。また，合理的配慮の探求プロセスが重要となるため，実習担当者に過剰な負担とならないよう，密に連携しながら，適切な実習環境を整えていく必要がある。学生と教職員，実習担当者らと共に，関わるすべての人々が納得する配慮の在り方を，実践を通して共有化し，知識として蓄積していくためのキーパーソンとしての役割を担う必要がある。

【引用・参考文献】

西村優紀美（2015）発達障がいのある学生への包括的支援のあり方．CAMPUS HEALTH，52（2），40-45．
水野薫，西村優紀美，桶谷文哲，日下部貴史（2015）公的資格取得を目指す専門分野における支援のあり方．一般社団法人日本LD学会第24回大会論文集，577-578．

第8章

受診と診断をどう考えるか

福田真也

1 はじめに

著者は成人の精神科クリニックの外来と大学の学生相談室で診療と相談を連携しながら行っている。成人の臨床家の立場から自閉スペクトラム症（ASD；Autism Spectrum Disorder）を中心に発達障害の大学生の受診と診断をどう考えるかについて述べる。

公立小・中学校の通常学級に在籍する児童生徒53,882人（小学校35,892人，中学校17,990人）への2012年2月から3月の調査（文部科学省，2012a）で，学習面又は行動面で著しい困難を示す児童生徒は6.5％とされ，その中の多くが発達障害と推測される。その特性は長期間続き，かなりの大学生が発達障害やその特性をもつと推測されるが，障害のある学生の修学支援に関する実態調査（日本学生支援機構，2015a）では，診断書がある発達障害の大学生は大学・短大・高専生2,737,600人中2,722人（0.01％）にすぎず，推測数に比べあまりに少なく，診断・報告されていない学生が極めて多いと推察される。

未診断が多い理由は，成人の発達障害を診断できる技能をもつ精神科医の数が少ないこと，成人の診断技法の問題，本来児童の問題で大学生や成人では稀と思われていて注意が払われなかったこと，定型発達＝健常者と発達障害に明確な線は引けないスペクトラムで健常学生と明瞭に区別できないこと，多くが非障害自閉症スペクトラム（ASWD：Autism Spectrum Without Disorder）（本田，2012）でそれなりに適応している，などの理由によると思われる。

大学生の事例の多くは定型発達とのグレーゾーンと思われるが，対応を考えると2016年4月からの合理的配慮（文部科学省，2012b）を含め，障害者関連の法律や福祉など社会制度は健常者と障害者を明確に分けて別に扱っている。そ

のため障害者として支援を受けるためには診断が必要であり，また大学や教職員が診断の有無を求める傾向も強い。しかしグレーゾーンの学生をどちらかに無理に入れることは現状と適合しない。

一方，外来診療で診断を求めて受診し告知を受けても，それを大学には絶対に伝えないよう求める学生もいるが，障害に応じた支援や配慮を受けるためには障害の情報を大学に伝える必要があり，情報を公開・共有することと個人情報保護・守秘との間には難しい問題がある。

2 未診断の学生にどう対応するか？

義務教育での特別支援教育や高校での支援は整備されつつあるが，高校卒業時の18歳で児童対象の支援機関や制度が終わり支援の継続が途切れること，成人の支援機関や制度が必ずしも十分でないことなど18歳が大きな壁になっている。未診断の大学生をどう評価し支援や配慮に繋げていくか，解決すべき課題が多い。

カウンセラーや保健師，校医など専門家のいる学生相談室，保健管理センターなど学内機関では本来，診断を行う機能がない。そのため診断と告知を行うためには適切な学外の医療機関を受診し，現在の問題の的確な評価に加え発達歴など継時的な情報を得ることが不可欠である。学内での問題や特徴だけ，あるいはAQJ（栗田，2003；若林，2004）などチェックリストだけで発達障害とすること，特性をもつ学生全てを医療に受診させ，診断しようとすることは誤っている。

特性があっても本人が気にしないで適応している，困難があっても学内支援者の助言だけで対応できる，特定の授業担当教員の配慮により受講でき診断書を求めない，このような場合は，あえて受診する必要はない。しかし自己評価が低く悩んでいて障害を自認することが本人の負担を減らし楽になる，大学や日常生活で不適応を起こし問題が大学生活全体に及び，多くの授業や実習，図書館や学生課，教務課など複数の事務窓口の対応で配慮を要する，など学科や学部全体，大学全体が"障害"と認定し多くの教職員が理解，共有して支援や配慮（合理的配慮）を行うことが必要な場合は受診と診断が必要となる。

加えて卒業後が問題である。大学には適応でき卒業はできても就職が難しく、就活や就職後に不適応に陥いる事例は多い。通常雇用が難しく就労支援機関で訓練を受け障害者雇用を目指す場合も精神障害者保健福祉手帳が必要なため受診と診断が必要となる。障害者雇用か通常雇用か、どちらで進めるかについては別に詳述した。一言で言えば、大学で全学的な支援や合理的配慮が必要であった事例は障害者雇用を検討した方がよい（福田, 2010. 216頁）。就職も難しく障害基礎年金の受給など障害者としての社会・福祉制度の利用が必要な事例も同様である。

未診断の大学生の場合、"発達障害"という診断名やその可能性を安易に本人や教職員に対して用いるべきではない。個人情報の守秘もあり障害名を伝えて配慮を求めるのは、あくまで受診し診断書や手帳など公的書類がでた後に必要な教職員に対して行う。本人に対しても"障害"の可能性を伝えたり用語を用いること自体、よほどの信頼関係がない限り行うべきでなく、困難は"障害"としてより特性や弱点と捉え共有し対処するように務め、学内支援者は発達障害の可能性に留意しつつ、教職員に対しては特性や特徴の理解と助言を行うに留める。診断と告知、受容は目的ではなく、よりよい大学生活、人生を過ごすことが重要なので、未診断のまま、特性に対して大学で行える支援や配慮を検討すべきである。

このように"障害"と認定する事例は限定され、大学生ではあえて診断、告知しない事例の方が多く、今後もこの状況は続くだろう。

3 大学で行うべきこと

以上を前提に大学で先ず行うべきことを述べる。

診断と告知は自身の障害を知って受け入れる、周囲の人が障害を理解し適切にかかわる契機となるが、大学と教職員に支援体制があることが前提になる。診断が必要と判断するなら、受診前に学内で本人と保護者が、支援者や担当教職員と十分に話し合い、どのような問題があり、その解決のための支援や配慮を行うため医学的診断が必要であること、医療機関を受診しないと診断できないこと、診断を受けてどんな利点と不利な点があるか、大学で行える支援や配慮

を学生本人によく説明することが重要である。診断し告知は受けたが大学が何もしなかったり，不利益が生じるのであれば受診や診断は意味がないばかりか害悪でさえある。加えて学生本人や親にも診断と告知を受け入れ受容するための準備と時間，障害の知識や心構えが必要であり，大学の都合だけで一方的に受診を強いてはいけない。本人と保護者が納得して主体的に受診するよう努めるべきである。

　診断と告知のメリットとデメリットを表8-1（次頁）にまとめた。

　著者個人の外来診療では，診断は前述した必要性がある事例に限定して行っている。診断に至らない事例に対しても特性はよく理解し適切な助言を行う「特性は広く，診断は狭く」を心がけている。診断の意義や今後の対処法を助言する診療だけでも十分に役立つ。実際，著者の外来に受診しても上記の説明や助言に留め，診断手順を進め告知に至るのは大学生事例の5分の1程度にすぎない。

　学内で行うべき支援について述べる。まず大学や生活での困難がASDの特性によるものか，どのように関連しているのかを支援者が理解することが最初である。具体的な学生生活，例えばアパートでの食事，洗濯，掃除，トイレ，風呂，下宿代や光熱費などの諸費用の支払い，大家さんとの関係，通学とその経路，交通機関の利用や車内など，大学では授業だけでなく履修計画や時間割／週間スケジュール，教室の場所や構造，昼食や昼休みの過ごし方，トイレ，放課後とサークル，バイト，それぞれの場での行動や心身にどのような問題があるか，友だち，教職員など周囲の人との関係など，学生の1日，1週間，1ヶ月，1学期，入学から卒業まで，就活，就職後を含め，短期的かつ長期的に見通し，学生の大学と日常生活をイメージする。特に気づきにくいのは，普通は気にならない程度の感覚過敏である。

　以上を通してどのような困難があるかを見出し，改善可能であれば周囲の対応や状況を整え，より暮らしやすい生活環境に変えていく，困難を切り抜けるための方策やスキルを一緒に考え，身につけるよう努力していく。その際，なるべく時間と場所・空間を一定にして負担のかかる要因は減らす構造化を心がける。相談室では通常の言葉での面接に加え，箇条書きにしたメモや図を用いて見える形にして進めると効果的なことが多い。

　彼らはイマジネーションの障害もあって，しばしば「何も問題ないです」と

表8-1 診断と告知のメリットとデメリット

診断と告知のメリット		
本人にとって	○	自分の特性を知り問題がどうして起きるか理解することで行動を変える契機にできる。
	○	対人関係や進路選択に役立てることができる。
	○	自分の問題がサボりや悪意でなく、"障害"によると理解することで重荷を軽減できる。
	○	薬物療法など医学的治療を受けることができる。
	○	精神障害者保健福祉手帳を取得すれば様々な社会資源、制度、例えば障害者職業支援センター、ジョブコーチ、ハローワークの障害者窓口が利用できる。
	○	障害者雇用枠による就労が可能になる。
大学や教職員にとって	○	教職員がどのような障害か理解すれば、かかわり方や環境を適切に変えることができる。
	○	カウンセラー、保健師・看護師、校医など支援者が特性を知り、それに合わせた面接や支援を行える。
	○	障害学生への支援体制を作ることができ、合理的配慮の対象となる。

診断と告知のデメリット		
本人にとって	×	障害を受け入れることは障害と無縁と思っていた本人、および親にとって強い抵抗があり容易ではない。
	×	発達障害という特性は長期間変わらず、"障害"を持って生きることに直面させられる。そのため失望してやけになったり、全ての問題を"障害"のせいにして、対応できる問題からも逃げてしまう。
	×	大学生の診断は難しく、定型発達や他の障害との関係が必ずしも明確でなく対応や治療が混乱する。
	×	適切な精神科医と医療機関が少ない。
	×	受診と診断には手間と費用がかかる。
	×	支援や配慮を受けるためには障害の情報を大学に伝える必要があり、個人情報が守られない懸念が生じる。
大学や教職員にとって	×	支援体制が整ってないと単に障害というラベルを貼るだけに終わってしまう。
	×	教職員が障害は手に負えないと対応しなくなったり専門家に丸投げする。
	×	障害には社会的な偏見や差別が厳然と残っている。

(福田(2010), p131を一部改編)

言うが，関係者から聞くと大問題を抱えていることがよくある。彼らの足りないイマジネーションを支援者が補い問題行動をはっきりと告げたり，解決法を考えることが必要になる。とはいえこのようなマイナス点に加え彼の良い所，性格や興味，特性でも自分や人に役立てていること，楽しめているプラス点を褒めて評価する，それを言葉やメモにし伝えて伸ばしていくことも重要である。ASDの根本的な特性である三つ組や感覚過敏は変えられなくとも，周囲や環境を変えて不適応を適応に変える，大学で生活していくためのスキルを身につけることは十分に可能で，このような学内支援をまず行い，これだけでは不十分で医学的な診断と告知をした上での対応が必要な場合に初めて受診を検討する。その際，上記の大学での情報を医療機関に伝えての受診が望ましい。

4 精神科医療と診断の問題

　大学生を含む成人の発達障害を的確に診断，対応できる精神科医が少ないという問題がある。本来，成人の発達障害をおよそ見立てて対処できることは全ての精神科医の基本技能であるべきだが現実はそうではない。数少ない医療機関は数ヶ月予約待ちときく。これは医療側の問題で大学としては対応が難しいが，それだけに受診と診断を必要とする事例を選び，受診前に学内での問題を適切に評価し，対応を十分に進めていくことが重要である。

　発達障害は元々児童の問題で，成人で初めて受診する場合の診断技法が確立しているとは言い難い。生後から現在までの発達歴の聴取も，例えば小1の事例なら6年間ですむが，大学1年では3倍の18年間の聴取が必要になる。親からの情報が不可欠だが，親を呼ぶことに拒否的な学生も多く無理強いはできない。児童期の典型的なコミュニケーションや社会性，想像性の三つ組みの問題も18歳をすぎると二次障害の背後に隠れたり修飾され，その本質を見出すのは難しく，またスペクトラムであるため大学まで診断されなかったグレーゾーン事例は定型発達と明確に区別すること自体が無理である。そのためある医療機関ではASDと診断され，別の所では違うとされるなど診断の不一致や混乱がしばしば起きている。

　成人の診断はうつ病など従来の疾患，児童期の発達障害の診断以上に手間と

時間がかかり，現在の保険診療では経営的に不利なため多くの医療機関が手を出さず，現状では可能性のある全例の診療自体が不可能である。

一部にはAQJ等のチェックリストやDSM（米国精神医学会刊行の精神疾患の分類と診断の手引）など診断基準に当てはめるだけで診断を下す精神科医もいるが，それは間違っている。形だけの診断は問題の改善どころか混乱と不安を助長する。また本来，診断と告知を行った専門家が引き続き支援を行うことが望ましいが，大学での修学や生活支援は大学の事情に詳しくない外部の精神科医には難しく，受診し診断と告知を行った後も大学と医療とが連携して支援を継続することが求められる（福田，2014）。そのため受診前後に大学で行える，すべきことはとても多い。大学生では医療機関と同等，あるいはそれ以上に学内での継続した支援が重要である。

さらに卒後の事業所や産業分野での発達障害の理解や支援（福田，2016a）は障害者雇用（福田，2016，b）を除けば始まったばかりで不十分である。著者は既に働いている社会人では，よほど明確にする必要性がない限り発達障害の診断名を下し告知することは現状では避けた方が賢明と考えている。

5 診断の有無による支援の違い

大学での支援の実際は他の章で詳細に述べたので，ここでは診断の有無による支援の違いを中心に述べる。障害学生修学支援ガイド（日本学生支援機構，2015b）でも診断書や手帳など根拠資料の提出の有無により分けて支援を述べている。

（1）診断し根拠資料が提出された場合の支援と配慮

大学全体としての配慮や支援ができる。入試では既に大学入試センター実施のセンター入試で，平成23年度より所定の診断書と状況報告・意見書を提出した発達障害受験生に対して試験時間の延長（1.3倍），チェック解答，拡大文字問題冊子の配布，注意事項等の文書による伝達，別室の設定，試験室入り口までの付添者の同伴などの特別措置を実施しており（大学入試センター，2015）毎年約150名が利用している。大学でも入学試験，定期試験で同様な配慮を検

討してよい。授業では優先履修登録，必修の体育実技を座学で許可，ノートテイクやTAをつける，試験をレポートに代替，提出期限の延長，実習で院生やTAと特別なグループを作る，などが検討できる。このように複数の講義や実習で特性を理解して多くの教職員が支援に関与する場合，単一の授業でも配慮と支援がなければ必修講義の単位取得が困難で，教員が診断書提出を求めた場合（福田，2013），障害者雇用（福田，2016b）を目指してキャリア支援センターで特別に配慮した就職支援を行うなど，その部門の長，学部長，学長の権限がないと行えない配慮，一言で言えば障害のない学生には通常行わない配慮や支援を行える。これらの配慮が障害者差別解消法に基づく合理的配慮に繋がると思われる。

この場合，障害の情報は必要とする多くの教職員に伝わるため，手厚い支援を行うほど障害がオープンとなる。

また薬物療法，例えばADHDにアトモキセチンやメチルフェニデート徐放剤の投与（樋口・齋藤，2013），二次障害である鬱，不安，パニック，強迫など日常生活に支障を及ぼす症状に向精神薬の投与が必要な場合も受診と診断が必須となる。

（2）未診断で，根拠資料がない場合の支援と配慮

診断事例よりも支援や配慮は量的，質的に少なくなるが，事例の特性や課題によって，また大学，学部，学科，授業により様々な支援や配慮を検討できる。本人や家族からの要望に加え，学生は求めないが何らかの困難で教職員が対応に苦慮する場合も支援や配慮を検討してよい。

授業や実習など修学,学生生活ではカウンセラー,保健医や保健師など学内専門家の助言を受けて，1対1の対応では順序立てて一つひとつ話す，具体的に数値や場所，時間を明確にして助言する，視覚優位の方が多いのでメモや図を利用する，常識や社会スキルを教える，考え方や思考がどう周囲と合わないかを率直に伝える。負担の少ない席を指定席にする，当てる順を事前に伝える，レポートや課題を個別に丁寧に教える，授業外で質疑応答の時間を長く取る，実習では相性の合いそうな学生とグループを組む，窓口対応では個室で相談する，など教職員個人で無理のない範囲で対処可能な支援を行う。大学まで進学でき

た事例の多くはこのような支援と配慮で十分に対応でき，著者が学内で支援した7～8割は未診断のまま修学を続けている。ただし，どのような支援をどこまで行うか，障害名は伝えないにしろ個人情報である学生の特性をどの教職員にまでどのように伝えるかなど検討すべき課題は多い。

6 おわりに

　障害者差別解消法の施行により2016年4月より合理的配慮の提供が求められるようになった。障害と認定された人への支援や配慮は進むだろうが，一方で認定されない人への支援や配慮は行いづらくなる可能性がある。それだけに受診と告知がますます重要になるだろうが，それでも大学生では未診断事例が多数である状況は今後も続くと思われる。

　より手厚い支援や配慮を受けるためには，診断と告知の上で多くの教職員に障害情報を開示することが必要になり，重大な個人情報である障害や特性の情報管理＝守秘義務との両立など検討すべき課題は多い。

　発達障害と気づかずに大学で学んだり社会人として活躍している方は大勢いる。未診断のまま適切に対処することは，診断と告知されて受ける支援や配慮と同等に重要であることは強調しておきたい。

【引用・参考文献】

大学入試センター（2015）平成28年度大学入試センター受験上の配慮案内【オ】発達障害に関する配慮事項．http://www.dnc.ac.jp/center/shiken_jouhou/hairyo.html（アクセス日：2015年11月19日）
福田真也（2010）Q＆A　大学生のアスペルガー症候群　理解と支援を進めるためのガイドブック．pp181-200, 明石書店．
福田真也（2013）大学生の発達障害を支援する．こころの科学，117, 34-38, 日本評論社．
福田真也（2014）修学と就労支援―学生相談とクリニックの連携―．精神科臨床サービス，14, 381-387, 星和書店．
福田真也（2016a）発達障害―自閉症スペクトラム症と注意・欠如多動性障害―．日本産業衛生学会関東産業医部会（編著）．産業医ガイド改訂第2版．pp315-320, 日本医事新報社．
福田真也（2016b）障害者雇用と合理的配慮．日本産業衛生学会関東産業医部会（編著）．産業医ガイド改訂第2版．pp155-160, 日本医事新報社．
樋口輝彦・齋藤万比古編著（2013）成人期ADHD診療ガイドブック，じほう．

本田秀夫(2012)併存障害を防ぎ得た自閉症スペクトラム成人例の臨床的特徴．精神科治療学，27, 565-570, 星和書店．

栗田広・長田洋和・小山智典・宮本有紀・金井智恵・志水かおる（2003）自閉性スペクトラム指数日本版（AQ-J）の信頼性と妥当性：臨床精神医学，32, 1235-1240, アークメディア．

文部科学省（2012a）特別支援教育について　通常の学級に在籍する発達障害の可能性のある特別な教育的支援を必要とする児童生徒に関する調査結果について．http://www.mext.go.jp/a_menu/shotou/tokubetu/material/1328729.htm（アクセス日：2015年11月19日）

文部科学省（2012b）平成24年度報道発表　障がいのある学生の修学支援に関する検討会報告（第一次まとめ）について．http://www.mext.go.jp/b_menu/houdou/24/12/1329295.htm（アクセス日：2015年11月19日）

日本学生支援機構（2015a）平成26年度障害のある学生の修学支援に関する実態調査．http://www.jasso.go.jp/tokubetsu_shien/chosa1401.html（アクセス日：2015年11月19日）

日本学生支援機構（2015b）教職員のための障害学生修学支援ガイド（平成26年度改訂版）．http://www.jasso.go.jp/tokubetsu_shien/guide/top.html（アクセス日：2015年11月19日）

若林明雄・東條吉邦・Simon Baron-Cohen, Sally Wheelwright（2004）自閉症スペクトラム指数（AQ）日本語版の標準化－高機能症候群と健常成人による検討．心理学研究，75, 78-84, 日本心理学会．

第9章

支援が難しい事例への対応
―― 未診断の学生への支援など

丸田伯子

1 障害学生支援にまつわるもう一つの課題

(1) 自覚することが難しい行動化の問題

　大学では，発達障害のある学生の支援が障害学生支援として位置づけられ，特性を考慮した支援が行われるようになった。支援を自ら希望する学生には，支援者との対話や一定の手続きを経て個別的な内容の支援が提供されている。その一方で，度重なる問題行動が発達障害の特性を示唆していると考えられるのだが，学生自身の自覚が十分でないため教職員が介入的な対応をすべきかどうか悩ましい事例も存在する。ここで問題行動のある学生とは，診断が確定した場合も含まれるが大多数は未診断ないしは確定診断にまで至らないグレーゾーンと見なされる事例である。

　さらに，教職員から見て介入的な対応が確実に必要と考えられる事例を見ても，介入の時機を見きわめて最良の方法を選択することは定式化が困難な課題である。ここでは，対応が比較的難しいモデル事例を示しながら，障害特性の自覚や行動の変容を促すことが必要な場合の対応について検討する。

(2) グレーゾーンにある学生の問題行動への介入的な対応

　発達障害の傾向がある学生は，入学当初は日常生活で目立った支障を来していないとしても，大学生活のめまぐるしい環境の変化や種々のライフイベントに伴うストレスを経験することで，しばしば適応不全を生じる。心身の不調を始めとするいろいろな反応を来すことも珍しくない。自覚的な症状が明確にあれば，むしろ診断や治療に繋がりやすいものと期待されるが，自覚が不十分で

あったり専門家を受診する機会がなかったり，あるいは自覚があって受診しても確定診断に至らないグレーゾーンの場合があり，学生支援の現場では，いずれの場合でも臨機応変な対応が求められる。

　適応のバランスを崩して反応が逸脱行動として出現すると，本人が自覚するより先に周囲が気づいて戸惑いを示すか，あるいは問題視することになる。高機能でかつ障害特性が軽微な事例では，さらにそのような事態が起こり易い。問題行動が把握された時点で望ましい対応は，その現場に関わりの深い教職員が，本人に事実を確認して教職員の問題意識や違和感を伝え指摘してその後の様子を見ていくことである。つまり，客観的な情報や事実をまず共有して，指摘された点から自己の特性について学生の問題意識を促すことが期待される。

2 障害特性の現れとしての客観的な問題に対応した事例

(1) 対人関係のトラブルが多い傾向について面接で取り扱った事例

　大学院には，教員や研究者を志望する学生が比較的高い割合で在籍しており，修学支援以上に指導教員との関係や他の学生との対人関係に悩む学生がいて，具体的なアドバイスのニーズが多い。また，大学院も学年が上がれば学生自身にとっても進路のことが大きな関心事となる。

【事例1】
　アキラさん（仮名）は，大学を卒業して大企業で数年ほど働いてから大学院に再入学した。学部時代は，ちょっと変わっているけど悪気はない人と評されていた。対人距離が近く，話すときは間近で声高に話し，勢い余って相手の身体に触れることが多いので，異性からは敬遠されがちだった。
　会社員時代は営業担当が主な仕事だった。自動車で取引先を回って定期的に集金をしていた。アキラさんが担当になってから，顧客から「こちらを威嚇するような，一方的な取り立てが来る」などの苦情が会社に相次いだ。そのため上司が業務や接遇について細かく指導を試みたが，アキラさんは不快感や怒りを隠せなかった。職場でストレスが溜ると夜に自室の壁

を蹴ったり床をどんどん踏みならしたりした。営業業務で出かけるには車の運転が必須とされ，アキラさんは運転が苦手だという意識があることを上司に伝えたが，運転業務を外す訳にはいかないと言われた。上司が何度か同乗してアキラさんに車間距離や中央分離帯との距離に気をつけるよう助言した。数週間後，アキラさんは仕事中に交通事故を起こして脳外科に入院し，心理検査でアスペルガー障害の傾向を指摘された。復職しても仕事に馴染めずうつ状態で再休職した。

　その後に研究者を志して大学院に進学した。アキラさんの態度について注意する教員がいると，アキラさんは相性が悪いと考えて避けるようにした。教員に対して抱くネガティブな感情をカウンセリングで言語化すると同時に，下宿で壁や床を蹴って管理人から注意された。

　やがて多様な身体症状が出現して，アキラさんは日常生活に支障を来して不安を感じながら，カウンセラーとの相談を続けた。身体症状についてはいろいろな医療機関を受診して，内科や外科や皮膚科でいろいろな種類の薬を処方された。最後に精神科を受診して，ストレスが身体化しているという説明を受けた。アキラさんは大学教員を志望していたが，体調への不安もあり，就職活動も思うように進まなかった。カウンセラーは，アキラさんが今のうちに自己理解を進めることに意味があるのではないかと考えた。

　博士論文の準備に本格的にとりかかる時期を見越してその前年度のうちに，アキラさんは心理検査などを含めた客観的な評価を勧められて専門医を受診した。その結果，ASDとADHDの特性が一定程度あるという主治医の見立てで薬物療法が開始された。

　アキラさんの日常の生活は対人関係のストレスがかなり高かった。苦手な教員からコメントをもらうことに堪えられず，ゼミを休んで接触を避けていた。以前のやりとりを思い出すたびに怒りの感情がこみ上げ，怨恨による殺人事件の報道をしばしば思い起こした。カウンセラーは，情動のコントロールと併せて対人スキルに着目しながら，アキラさんが将来的に直面すると思われる状況について一緒に考えた。たとえば，大学教員になるとしたら入試業務として受験生募集の説明会に出たり，学生との個別面

談を含めて学生支援を担当したりする可能性がある。教員として学生とコミュニケーションをとる能力が必要であることや，学生対応を続ける中で学生から一方的あるいはハラスメント的ととらえられて本来の意図を誤解されないように工夫する方法について話し合った。その後，アキラさんはコミュニケーションのスキルを向上させたいことを精神科主治医に相談し，成人の発達障害を対象とするデイケアに参加することにした。いろいろな社会人経験のある他のメンバーと情報交換をする機会を得られた。アキラさんは就職について幅を広げて考えることにして企業の研究所も検討することにした。

本事例は，診断がなく支援対象ともなっていないが，背景に発達障害の疑われた学生にカウンセラーが関与しながら対応を進めたケースである。会社員を経て研究者を目指していたアキラさんは，過去の対人関係の葛藤も続く中で，社会的関係における特定の人物への怒りを抑えることが重要な課題だった。心理検査やカウンセリングを通じて自身の特性やソーシャルスキルを見直す機会を得て，将来の社会的な役割を想定しながら現実への適応力の維持を目指した。具体的には，大学教員に期待される社会的なスキルについてカウンセリングで共に検討した。信頼できる支援者と自身の強みと弱みについて相談しながら現実的な課題に取り組めたことが，自己理解や不安の軽減に有用と考えられた。

（2）指導教員の要請から介入的な対応を経て支援に繋げた事例

介入的な対応を考える場合，とくに対応の難しい事例では，必要性を見越して早いうちから学内の関係者で連携する態勢を準備することが望ましい。たとえば，クラス担任やゼミ指導教員は，担当学生について過去数カ月間の変化を把握しているいわばキーパーソンであり，対応に困った場合にはカウンセラーと相談しながら対応を考えることができる。以下に示す事例は，当初「ひきこもり」の現象を呈して心配されたが，精神疾患の併存あるいは何か切迫した事情があるのか，などの可能性を考えて介入的な対応に踏み切った。うつ病治療のための休学後，発達障害の診断と職業準備訓練を経て就労した事例である。

【事例2】

　ジュンさん（仮名）は，幼少時から個性派で，学業は優秀だった。大学入学を機に一人暮らしとなった。サークルに入ったが一年くらいで足が遠のき，友人づきあいは少なかった。留年を繰り返して卒業要件の単位は取得したものの，卒論にとりかかっていなかった。期日を過ぎても連絡がないため指導教員が心配して学校医に相談した。その後，カウンセラーと学校医が教員と一緒に自宅を訪ね，ジュンさんがうつ病を発症していることがわかった。睡眠障害や不安が強く，意欲低下と焦燥感もあり，自死しようと考えて身の回りのものを整理した直後だった。学校医は，ひとまず親元に帰省して治療することを提案したが，ジュンさんは頑に拒んだ。ジュンさんは，指導教員に連絡をとることもできない体調で，明らかに体調が悪そうでも「とくに困っていることはありません」と繰り返し，カウンセラーや学校医のもとに通うことに難色を示していた。何に困っていて，どう相談するのかについても戸惑っている様子だったが，それがうつ症状か自閉的な性格傾向のいずれによるのか，見極めに時間が必要だった。

　治療を受け始めて数カ月もすると心身の不調は徐々に改善した。その間もずっと，ジュンさんは「卒業したい」「就職して自立したい」「親には頼りたくない」と述べていた。カウンセラーと相談しながらジュンさんは取り組むべき目標を決めた。すなわち，うつ病の治療に専念するために休学すること，復学してから卒論に取りかかること，就活は卒業してから取り組むこと，である。うつ病が軽快する過程で，コミュニケーションの未熟さ，社会適応の難しさが明らかになってきた。

　ジュンさんが卒業後の孤立に不安を抱いていることがわかり，大学では卒業後も支援者の面接を継続して受けることができる環境を整えた。ジュンさんの相談は，支持的な心理療法の担当者（心理専門家）と，修学指導の経験を持つキャリア担当者（社会人経験者）が主に担当し，健康管理は学校医が担当した。キャリア担当者は，志望先の選び方，履歴書の書き方，面接指導に加え，資格試験や語学検定試験の受験を提案し，成功体験を重ねて自己評価を高めることを期待した。当初のジュンさんは一般就労のみを目指したが，採用面接に進むと留年や休学が度重なった点について事情

や背景について説明を求められた。ジュンさんが一般枠に数十社ほど応募して悩んでいた時期に，学内で障害者職業センターによる就職説明会（障害者枠の利用方法や就労準備支援制度）が開催された。説明会に参加したジュンさんは，教職員にも勧められ，すぐに就労準備支援に申し込むことを決意した。2か月間の通所支援の後，障害者雇用での採用が決まった。ジュンさんは契約職員として入職したが，実力を高く評価され翌年正社員となった。

本事例は，ひきこもりとうつ病が前景にあり，発達障害については診断がなく支援対象でもなかった学生を支援したケースである。うつ病が軽快したところで発達障害が疑われ，診断を得て就労準備のプロセスを支援した事例である。支援者との信頼関係を築くのに時間をかけたが，さらに自己理解や障害受容を進めるのに年余を要した。家族の協力を得ることが困難な事例であったが，社会資源を導入すると共に，大学側が卒業後も就職内定までの数年間の支援を継続したことが成果を後押ししたと考えられる。障害者職業センターの支援では，就労後の具体的な場面を想定した実践的なプログラムで支援要請スキルを高めることができた。これは大学の支援を補完する役割があり，大いに役に立った。

（3）留学を機に問題行動について対応した事例

学生の行動が問題視されるのは，大なり小なり常識を逸脱している行動が，繰り返し教職員に観察された場合などである。とりわけ留学や外部実習の前は，教職員も注意深く観察して心配することがあるが，そのタイミングで問題行動を心配して本人に確認しても，変化する環境への適応を気遣った教育的配慮という意味も重なるので，学生にも心配された理由が理解しやすいであろう。

【事例3】
モモさん（仮名）のゼミでは，複数の教員が合同でグループワークを行う。そのゼミが開講して1年近く経過した時点で，指導教員からカウンセラーに相談があった。モモさんは留学を控えているが，講義中の言動に奇異なところがあり，留学先でトラブルにならないかが心配だというのである。

観察されたモモさんの様子は以下のようなものだった。教室ではいつも他の学生から離れて着席してマスクやフード帽で顔を覆う。グループワークでは他の学生と関わる時の様子がいつも拒否的な態度である。モモさんの発表する順番が近づくと、急に様子が変わって呼吸が突然に促迫したり会話が困難になったりするし、時には意識を失いかけたりパニックに陥ったりしているように見える。また、ゼミ中に他の学生の前で唐突に自死の話をする。これらについて、指導教員はモモさんに事情を確認したいと思う一方、他の学生と明らかに異なるモモさんを研究室に呼んで個人的に面談するには恐怖感もあって踏み切ることができない。カウンセラーは、学生の言動について会って確認する際に、複数の教員が認識している事実など明らかな根拠を示す必要がある一方、留学が近いことは個別に面談する理由になると考えた。そこで、ゼミの担当教員が複数で面談する機会を作り、モモさんの言動について教員が心配していること、精神症状がある可能性も考え医療機関を留学前に受診するよう伝えた。その場でモモさんは困惑していると答えた。教員が複数陪席しているのも辛い、考えてもみなかったことを問題だと言われ、頭の中が一杯になりうまく話ができないと述べた。

　教員が留学前であることを理由に受診を求めたことについてモモさんは「留学手続きについての説明に問題がある。留学前に心理的な問題があると懸念された場合、大学側が手続きを保留して確認すると募集要項に掲載していないのは問題」と苦々しく述べた。さらに、「メンタル面の問題は自覚していない。自死を（口にしたとしても）考えている訳ではない。教員がそこまで心配するのはおかしい。普段の生活態度に問題があるなら受診勧奨の前に指導義務があったはず」とやや攻撃的になり、教員は対応に苦慮した。カウンセラーの提案で保護者に確認したところ、モモさんは高校時代に精神科の受診歴があった。母の説得によりモモさんは以前の主治医を受診したが、「留学を止める積極的な病状は確認できない」という意見だった。

ゼミや授業で心配な言動が繰り返された場合、一人の教員が対応するのが難

しい場合には，そのゼミや所属学部の教務関係の複数の教員で対応すれば無難である。本事例では，発達障害の診断について検討されることなく，予定されている留学に支障は認めないとする意見書が提出された。留学先での健康や安全に配慮することは大学の責務であることから，渡航前に専門家に確認を依頼する方法は検討される意味がある。実際に発達障害傾向のある学生が特別な配慮を受けずに一定期間の留学を果たすことは珍しくない。留学後，モモさんに何らかの問題行動が再発する可能性もあるが，今回の介入を踏まえて2度目の指摘があれば，本人の自覚を促すことはより容易であろう。

（4）診断があり支援対象になっているがトラブルが起きるケース

大学生に見られる問題行動の背景として，障害特性としての強いこだわりがあるために一般常識的なルールを守ることが難しいことや，集団内で空気を読みとりにくい傾向があって他人に不信感や被害感を抱きやすいことなどがある。治療中であってもこれらは問題となりうるので，支援者は対話を通じて段階的に達成可能な目標や遵守可能なルールを確認して，被害感につながりうる不安の緩和を心がけるべきである。一方，常識を逸脱した問題行動があって，他害のリスクが懸念される場合などは，学内で事後対応を決定するには慎重な議論が必要である。以下は，支援開始後に逸脱した行動化があった場合の対応例である。

【事例4】
　ユウリさん（仮名）は，学生寮に入って大学生活を始めた。同級生や寮生と交流したいと思っていてもなかなか親しい友人ができず，相手の反応に疑心暗鬼となって被害的な考えにとらわれやすくなり，本人は被害妄想を自覚していた。また，ユウリさんは大学入学後に聴覚過敏が著しくなり，外出先でも寮でも周囲の人声が刺激となって，近くにいる人々の話声を聞くのが苦痛だった。学生寮で他の学生の態度をみて辛くなり，思わず手を出したため，寮の管理人から保護者に連絡が入った。医療機関を受診した結果，休学して実家に戻ることになった。保護者が心配して複数の医療機関を受診した結果，発達障害の診断も加わった。

半年後，ユウリさんは復学して修学支援を受ける手続きを進めた。しかし，単身生活に戻ると生活リズムが不規則になって講義に出席することが難しくなり，支援はあったが試験勉強やレポート作成に苦労していた。一方，復学直後から，周囲の物音に敏感で，不特定の人々の話し声が刺激となって被害念慮を抱く傾向が出現していたユウリさんは，インターネットでエアガンを購入して，BB弾を詰めて所持していた。ある日，大学へきていたユウリさんは，建物の薄暗い廊下でエアガンを鞄から取り出し，数メートル先で立ち話をしていたグループを目がけて連続発射した。弾は6発ほど体幹に当たったが大事には至らなかった。しかし，このことが問題とされ，ユウリさんにどのような対応が適切であるかが検討された。本来であれば会議において処分を検討されるが，障害による症状行動の可能性があるという意見があり，自宅謹慎が申し渡された。後日，ユウリさんは父に付き添われ，発射したグループの人々に謝罪した。反省文には今後何らかの問題を起こしたら自主的に退学すると書かれており，その後，ユウリさんは自主退学した。

　この事例は，大学入学後に環境が大きく変わったことを背景として，対人関係や社会性の困難から問題行動が出現し，精神疾患との鑑別が要する病態を来たしたものである。事実を確認すると，本人は行動について記憶はあるが，暴行等にいたった衝動性については自制することが難しく，対応の方針を決めることは難しかった。問題行動に対して何らかの処分が選択される可能性はあるが，その際には判断の根拠について十分な議論が必要と考えられる。

3　周囲が困る事例に関わる際の教職員側の留意点

（1）周囲の困り感を教職員からいかに伝えるか

　問題行動への対処として，教職員としては事実を詳細に把握することがまず必要となるが，次に「どのように」「なぜ」といった背景や時間的経過の理解も有用である。問題行動といっても，ひきこもりの場合と暴行などの逸脱行動と

では背景にある事情や対応方法が異なるが，いずれにしても支援者が学生本人と対話をしながら状況を確認することがまず大切である。本人がその行動についてどのように認識しているか，なぜそうなったと考えているか，支援者と信頼関係を築くことが可能か，などを探ることが有効である。

問題行動について学生と対話をする時には，本人のその場での気持ちや状況について理解できる部分を見出しながら，不適切な行動については具体的に指摘する。問題行動を指摘することは一種の直面化にあたるが，学生から見れば少数派がなぜいつも多数派に合わせるべきなのか，という悩み方もありうる。支援者は，少数派にもよいところがあるという視点に立ち，学生の理解者として振舞う役割も期待される。たとえば，問題行動を繰り返すと周囲が困って問題視されることになり，そうなると居心地に影響する可能性があることを一緒に考える。場のルールや慣習を確認することも学生の適応の改善に役立つ。

（2）介入的な対応のきっかけともなる修学相談

大学入学まで目立った問題が自覚されず一定の適応状態にあった学生が環境の変化によってバランスを崩す場合，可視化されやすい所見は成績状況である。可視化された成績を本人と相談しながら，修学に限らず本人が抱えている問題を困り感として引き出すことも可能である。卒業に必要な履修要件やクリアすべき基準を明確にし，卒論や就活の具体的な状況を確認する。

障害特性として時間的な見通しが苦手な学生も多いので，スケジュール管理に関する助言が大切である。課題に関して見通しをつけることが不得手な学生には，「これをすれば……」「これをしないと……」というように行動の結果を考える事を促すことが行動修正のきっかけになることもある。

（3）問題行動を指摘する際の工夫

問題行動を指摘して行動の変容を促す行為は，それ自体が心理教育的な意味を持つコミュニケーションとも言える。学生の語ることを十分に聞いて教職員として一定の理解を示すことが大切である。基本的に相手を承認しながら，問題と考えられる行動について説明した上で具体的な修正を提案する。

注意は事実に基づいて冷静に行い，声を荒げたり，一方的に打ち切ったりと

いう対応は避ける。周囲が困っている事実を伝えるにあたっては，教職員としての「公正さ」「ルールを守る」に基づいた判断であることを伝える。経過について関係者の共有記録を作成しておくと，カウンセラーや学校医と連携する際に情報が正確に伝わる。その後の経過の中で，関与しながらの観察を継続しながら，本人の努力や変化を認めることも大切である。

4 おわりに

　発達障害による行動化は，本人の自覚が伴いにくいところが難しく，それは特性に由来すると考えられる。身近にいる教職員は，教育的環境を守るという責務も担っており，周囲が困っている事態であれば，介入的な対応を検討することは避けられない。介入的な対応を行う場合の時期や方法は教職員の見立てと判断によるところが大きい。学生を事態に直面化させる場合には，障害特性により言動に無自覚な部分があることを念頭において，ていねいな説明を心がけ，また保護者への情報提供を検討するなど，慎重な対応が求められる。

　なお，環境の変化によって適応状態が変わるという発達障害の特性は，グレーゾーンの学生にも当てはまり，そのような学生は少なくないと考えられる。大学として対応できる数に限度があるとすれば，問題行動で周囲が困っている場合，学生の状況を考えながら教育的介入の好機を検討することが大切である。

第10章

発達障害のある留学生への支援

坂野尚美

1 名古屋大学の障害留学生支援体制

　名古屋大学は，それぞれの学部・研究科に基本的には1名ずつの留学生担当教員がいる。国際教育交流センターアドバイジング部門は，独立した業務や役割を担っていることを特徴としており，アドバイザー，カウンセラー，ソーシャルワーカー，キャリアアドバイザー，精神科医の7名の専任教員によって構成されている。私は，その中でカウンセラーとソーシャルワーカーを兼務している。アドバイジング部門が改組される際に，ソーシャルサービス室が設置されたのは，2013年10月1日で，障害留学生についての緊急対応が必要となったことが背景にある。ソーシャルサービス室では，ソーシャルワーク（社会福祉援助技術）および情報の提供を行っている。ソーシャルサービスでは，身体・精神・発達障害などをかかえる留学生などの社会支援を実践しており，障害等をかかえる留学生たちの相談窓口の役割を果たしている。ソーシャルサービス室は教員1名，フルタイムの職員1名と3名の非常勤職員で構成されている。年間の相談件数は500件を超え，随時修学支援を必要とする学生は30名程である。本稿では，障害留学生支援の背景について，また二つの事例を通して，これまで実践してきた留学生の修学支援の在り方について，また多文化ピア・サポーターやサポート・グループの紹介と今後の課題について考えてみることにする。

　なお本稿では，ソーシャルワークを社会福祉援助技術と位置づけ，ソーシャルサービスは，社会資源を活用した社会支援と捉えることにした。ソーシャルサービス室は，このソーシャルワーク（社会福祉援助技術）および，ソーシャルサービス（社会支援）として広域での社会資源を活用として情報提供を行う機関とする。

2 ゼロからの障害留学生支援

　高等教育機関では，多様化する社会の中で「青年期」を生きる留学生たちが渡日してくる。そして私はカルチャーショックや適応がうまくいかない留学生の支援にあたることになる。障害について入学前にも提出書類に記載する欄があるが，留学生たちはほとんどそこに記載しない。発達障害と診断されている帰国子女を含む留学生たちも，障害の有無について，また修学上の合理的配慮の必要性について記載しない。果たしてそれをどのように捉えるべきなのか？
　留学生たちの生きている「青年期」は最も難しいライフステージのひとつであり，精神疾患の好発期で，仲間の中でも傷つきやすく自己嫌悪をもちやすいと言われる時期である。そうした精神的な不安定さを抱えながら，日本に留学してくる。新しい学校生活で，学業がうまくいかなくなると，ようやく発達障害のある留学生や周囲の教職員たちが相談に訪れる。目の前に現れた留学生と教職員は，これまでの発達障害の経過，修学上の合理的配慮の在り方についてなどの情報は一切なく，面談当初は困っているという問題だけが浮き彫りになる。発達障害のある（もしくはその疑いのある）留学生は，こちらを信頼するまで，自身の既往歴や，これまでの修学支援に関わる経過について話すことはない。卒業した大学や高校と連携することも困難なことが多く，日本人学生と違って得られる情報がない現実にぶつかる。そのため，個々のニーズに寄り添い，ソーシャルワークおよびソーシャルサービスを提供することになっている。この取り組みは，地道すぎる程の試行錯誤と言っても過言ではない。

3 日本の社会福祉制度

　留学生たちが，障害者認定を受ける際には，日本の身体障害者手帳の取得の場合は身体障害者福祉法，精神障害者保健福祉手帳の場合は精神保健福祉法を理解する必要がある。日本人の障害学生と違い，さまざまな社会資源を活用して業務を行う必要がある。障害留学生でとりわけ精神疾患と発達障害を抱える場合，症状が悪化することが多く学業不振と不適応のために留年することも少なくない。最終学年を2年以上留年した場合には，査証の更新は難しく障害留

学生は帰国を余儀なくされる。

　留学生政策の基本方針として，2020年までに外国人留学生受け入れを現在の14万人から30万人へと倍増させる計画がある。それに伴い障害留学生の相談は，本学でも年々増加しており，精神疾患と発達障害（疑いを含む）のある留学生の相談件数は，9割を占めている現状である。精神疾患は，統合失調症，気分障害，不安障害が圧倒的に多い。精神疾患だけでなく，発達障害をかかえる留学生の多くが生育歴に問題を抱え，家族の中で居場所を見いだせずに留学してきた事例が多い。発達障害留学生の相談は，相談全体の約6割を超える現状である。こうした中で，発達障害を抱える留学生への支援のみならず，外国に住む家族への支援を積極的に行うことが必要となってきている。日本と母国の社会福祉政策の違いを留学生本人に理解していただくだけでなく，ご家族にも理解を進めていただく必要がある。発達障害のある留学生の多くが，家族との葛藤を抱えている。発達障害のある留学生のうち，とりわけ欧米出身留学生は大学入学前の教育現場で転校をしているケースが多い。それが教育関係者への信頼がすぐに構築できない背景ともなっていると考えられる。発達障害のある留学生の家族も，留学生本人と同様の経験をしており，こちらとのラポールを構築するのに時間を要する。また外国に住む留学生の家族とのコミュニケーションのほとんどが，電子メールなどのやりとりに限られるため，面談する場合よりもラポールを構築するのに長い時間を要するのは言うまでもない。

4 読字障害（ディスレクシア）のある院生（A君）の事例

　事例から発達障害留学生についての修学支援の在り方について考えていきたい。理系大学院生のA君は，指導教員との人間関係が悪くなり，うつ状態になった。そのため学内の保健管理室を受診，軽度の広汎性発達障害と読字障害と診断がついた。実験や解析能力は高かったが，論文を読んだり書いたりすることが苦手だったため，指導教員から満期修了して帰国することを勧められた。こうした現状のため対人関係が苦手なA君は，研究室でも孤立していた。論文をどのようにして書いていったらよいのかを相談できる人もいなかったため，挫折してしまい，帰国したほうがよいのかと留学生担当教員にヘルプサインを出

した。留学生担当教員が，ソーシャルサービス室に相談し本人との面談が実現することになった。

　読字障害（ディスレクシア）は脳の文字を識別する部分に障害があり，たとえば文字が二重にダブって見えたり，ひっくり返ったり，歪んだり一部の文字が動いているように見えることもある。日本人よりも，欧米人に多いため，留学生の読字障害の相談が多く，1年間に少なくとも数名以上の留学生の相談がある。アルファベットはすべて記号のようなものであるのに対し，日本語の漢字は，文字そのものが言葉の意味を表しているため，なんとか解読している可能性がある。そのため，読字障害は日本人よりも欧米の留学生の相談が多いのが特徴である。

　Ａ君は，Ａ君自身が声を出して読んだ論文の意味を指導教員に聞かれても，全く答えることができない。そのため，指導教員からは「できない留学生」と思われてしまい，うつ状態になっていた。ところがその同じ論文を他者が読むと，完全に理解できる。これを実践したときには，指導教員は「すごい！まるで魔法ですね」と語った。

　留学生への指導について，指導教員の多くは第二言語の英語でコミュニケーションを取ることになる。留学生も英語を母語としない場合もあり，互いに第二言語である英語が共通言語となる。そのため，互いに伝えたいことを十分に伝えることができにくく，このことがさらにＡ君の修学困難な状況に拍車をかけていた。

　具体的な修学支援としては，指導教員がＡ君の論文を1週間に1度程度指導することになった。Ａ君の理解度を確認しながら細やかな論文指導をお願いし，Ａ君との面談をコーディネートした。支援内容は，指導教員がＡ君に定期的に論文作成のための課題を提案することを依頼した他，その課題の確認（スケジュールの確認），課題の作成（論文作成）のための情報整理補助等であった。また定期的に，面談を実施した。上記のような支援を実施した上で，学位取得要件については，支援できることと，合理的配慮として認められないことを分かりやすく留学生本人に説明した上で実施することになった。Ａ君は1年半後にある程度論文を書き上げることができたため，理系研究科を満期修了し帰国した。そのあと一部の論文修正をした後，学術誌に投稿することになり，修学

支援は終了した。A君の両親と，A君の出身大学の教員への対応は指導教員が担当した。修学支援についても，指導教員から家族に説明いただき，A君に対して教育的配慮をすることができた。

A君については成功事例となるが，A君が2年以上どこに相談して良いのかわからずに，所属する研究科の留学生担当教員から連絡があるまで，こちらがA君の状況を把握することができなかった。障害留学生が修学支援を提供してくれる室があることを認識していない点において，支援体制が不十分だったため，積極的に学内FDの開催をした。障害留学生がソーシャルサービス室を知り支援を受けるためには，学内のしっかりとした連携システムを構築する必要性がある。

5 重複障害留学生（Bさん）の事例──宗教的な配慮と修学支援の在り方

もう1つ事例を挙げることにする。Bさんは文系大学院生である。Bさんの国は内戦国であり，医療は日本のように一定の水準を超えていない。Bさんは児童期に左足膝の怪我をした際に手術を受けたが，後遺症が残った。日本国内の医療機関であれば，後遺症は残らなかったと思われる。高校卒業後に，隣接国のNGOにて再手術をしたが後遺症はそれほど改善されなかった。後天性脚長不全等となり，足の長さの左右差が残った。そのため，足の長さの左右差を軽減するための手術を日本で卒業するまでに数回受けた。

事故などで一時的に車椅子使用する必要のある留学生には，車椅子の貸し出しをしている。身体障害者手帳の等級にもよるが，車椅子購入が手当によって補助されない場合には，留学生が車椅子のレンタルや購入をすることは高額な支出となるためである。この留学生に対しても，術後には電動車椅子の貸し出し（機器の貸し出し）をすることになった。学内入口にゲートがあるため，電動車椅子でも支援が必要なことが多く，申し出に応じて学内移動の際の支援が必要となった。また，アクセス困難な講義室については，講義教室を変更し，受講しやすい座席を確保した。学外研修の際にも，アクセスが可能になるように支援や合理的配慮を実施した。また，この障害留学生に適した机やいすへの変

更が行なわれた。

　こうした支援が進むにつれ、医療者からADHD（注意欠如・多動症／注意欠如・多動性障害）の診断がつき、Bさんに対して重複障害留学生として対応をすることになった。多動傾向は、大学の環境にもなれてきて、しばらくすると落ち着いてきた。しかし集中力を持続できず、学習やレポート提出を計画的に行なう事が苦手だった。Bさんからは、スケジュール管理や資料集め・整理等補助などの修学支援の申し出があった。発達障害に関する具体的な修学支援としては、Bさんの支援計画に沿って、スジュール管理、睡眠記録作成により安定した生活習慣獲得の支援、同専攻の修学サポーターによる資料集め・整理等補助などの修学支援、カウンセラーによる定期的なカウンセリングを実施した。Bさんの場合、宗教的な問題や民族的な問題も抱えており、修学支援サポーターについても、さまざまな配慮が必要となった。とりわけ車椅子の学内移動支援については、修学支援サポーターが同性であること、同じ宗教信仰（イスラム教）している者であることが条件となった。この2つのいずれかの条件が満たされない場合は、Bさんから修学支援そのものを拒否されることがあった。またスケジュール管理や、資料集め・整理等補助などの修学支援についても、教員が担当しない場合は、同じ宗教信仰者でなければ、「もう修学支援は要らない。いろいろな人と関わりたくない」と拒否され、非信仰者である場合には支援しようとしても、一言も話さない、その場から動かないといった徹底した行動に出られることがあり、支援する際には十分に配慮する必要が出てきた。しかしながらBさんの部局の教職員から「支援していただけることについて、感謝すべきなのに、拒否するなんてどういうこと？」と非難されると、Bさんは突如怒り出し、教職員が支援の説明をしている途中でも、会議室から退出してしまうことが支援前や支援当初は度々あった。そのため、Bさんの宗教信仰者や隣接国出身の留学生たちにBさんの研究科長が呼びかけ、新規の修学支援サポーター募集を始めることになった。数週間後には、5人以上の新規の修学支援サポーター登録希望者が応募し、5名がサポーター研修を受講し、Bさんの修学支援サポーターとして活動することになった。支援体制が整うと、Bさんも落ち着いて学業に専念することができ、学位を取得して帰国することになった。

　同じ宗教であっても解釈や実践の細部については、それぞれ個人的見解や帰

依の程度，地域文化との融合にもよっても異なる。渡日して新しい土地で生活するにあたり宗教上定める教えや生活規範を守りつつ，その土地の文化や習慣に慣れていくことになる。食事やお祈り回数や場所などのルールもある。そうした事柄にどの程度配慮し，ニーズに合わせた支援をするかは，その大学内外の環境設備や社会資源などによっても大きく違ってくる。こうした多様な文化などをもつ障害留学生に，どのように対応すべきか今後考えていくことが必要である。

6 多文化サポーター研修

　多文化サポーター研修は，2010年から始めている。これは「学生が学生を支える」取組として始められた。留学生対象のイベントのファシリテーター，ピア・サポーター，修学支援者となるサポーターについて学ぶ研修である。

　修学支援を希望する留学生には，ソーシャルサービス室主催の多文化サポーター研修への参加を推奨している。理由としては，修学支援の提供を受けた留学生たちに，多文化サポーター研修の意義を知ってもらい，どのような形態や体制の中で修学支援の合理的配慮がなされているかを知ってもらうためである。また，「学生が学生を支える」体制の構築のため，修学支援を受けた学生たちも，将来ピア・サポーターの役割を担ってほしい願いからでもある。

　この研修は，集団で議論をする場面に焦点をあてたコミュニケーションスキルを学ぶ機会となる。しかし，ファシリテータースキルの獲得にとどまらず，参加留学生の自己の対人関係の特徴への気付きをもたらし，コミュニケーションの仕方を客観的に見る視点を与えるものとなっている。とくに，研修終了後個別インタビューで見られた"日常生活や自分の所属する社会への活用"や"多文化社会での活用"からは，参加留学生のソーシャルスキル，あるいは社会性を向上させることが示唆された。ソーシャルスキルは，コミュニケーションスキルも包括した「人づきあいの技術」であり（春日井，2008），社会性とは，「人が自分を確立しつつ，人間関係を形成したり，社会の規範や行動様式を身につけるなど，その個人が生活する社会において，互いに，円滑かつ適応的に生きていくために必要な諸特性」である（松永，2004）。「今も友達とのコミュニ

ケーションの中で，ちょっと注意しながらやっています」といった，コミュニケーションの持ち方の改善や，「司会とかも，みんなで避けていては，やる人がいなくなるから，避けないでやろうと思います。そうすればこれからこのコースで自信が少しずつついてくるような気がします」といった，社会へより積極的に関わろうとする態度が個別インタビューから感じられた。この研修は，学生が学生を支援する仕組みを構築するための人材を育成し，ピア・サポート機能の活用の場でもある。自己の対人関係の特徴を振り返り，感情面の気づきといった内面の成長を促進させることで，自助自立の力を高め，充実した学校生活につながっている。現在約40名の登録者がおり，これまで多文化サポーターとして登録した学生の累計は約100名に及ぶ。このように，留学生たちが自助や自律の力を高めることにより，留学生たちの心をつなげるネットワークづくりに役立つ試みだと考える。

7 発達障害留学生のサポート・グループ

2015年10月から専門家がサポート・グループを実施している。修学支援が終了する時期が決まっている障害留学生の自立および自律の促進を目的として始めた。このグループはクローズド・グループであり，固定したメンバーでの開催を基本としている。必要に応じて，参加メンバーに対してスタッフが面接を実施した。そのため，参加メンバーが心理的に耐えられるかどうかの判断もでき，参加学生も具体的な質問ができたため，参加への不安を減らすことができた。自立・自律に向け，問題の軽減や解決，問題との付き合い方を学ぶことを目的とすると同時に，安心していられる場所を作ることや，情報交換を互いにすることも目標としている。このサポート・グループでは，対人関係やコミュニケーションなど，日常生活や学校生活に関することがテーマとなっている。グループ内では，自分の今の困難について深く掘り下げ，足りないスキルを補い合うといったアドバイスやコミュニケーションワークを実施している。まだ始まったばかりの試みであるが，グループメンバーのエンパワーメントの促進の一助となっている。

8 今後の課題

　世界の主要先進国では障害学生支援に関して積極的な取り組みを始めており，ケンジブリッジ大学では障害学生の割合は，8.1％，アメリカのワシントン大学も8％である。名古屋大学における障害留学生数は急激な増加がみられ，今般の障害者関連諸法の整備を受け，今後もさらに増えていくことが予想される。名古屋大学の留学生が3000人に達し，そのおおよそ7～8％の障害留学生が在籍することになった場合，どのような対応や準備が必要であるのか，検討する必要がある。今日の大学のグローバル展開において，障害留学生への修学支援体制が充分に整備されていない実情は大きな支障ともなりえる。今後，名古屋大学内では，ソーシャルサービス室中心に障害留学生の支援モデル構築を目指していく。発達障害のある留学生への修学支援は日本国内の大学ではまだ取り組みが十分に進んでいない。全国的な留学生の増加に合わせ，障害留学生の多様化するニーズに対応し，必要な支援を提供していくために，支援体制を強化し，支援内容を高度化し，支援の質を充実させることが喫緊の課題である。

【引用・参考文献】

春日井敏之（2008）ピア・サポート実践ガイドブック　Q&Aによるピア・サポートプログラムのすべて．日本ピア・サポート学会（企画）　中野武房・森川澄男・高野利雄・栗原慎二・菱田準子・春日井敏之（編著）．ほんの森出版，24-25.

松永あけみ（2004）子どもの社会性はどう発達するのか．児童心理，58（2），10-15.

■著者紹介 （執筆順）

高橋知音	（たかはし・ともね）	編者・信州大学学術研究院（教育学系）教授
岩田淳子	（いわた・あつこ）	成蹊大学文学部教授
近藤武夫	（こんどう・たけお）	東京大学先端科学技術研究センター准教授
小貫　悟	（こぬき・さとる）	明星大学心理学部心理学科教授
村山光子	（むらやま・みつこ）	明星学苑法人本部企画部企画課長
重留真幸	（しげとめ・まさゆき）	明星大学発達支援研究センター STARTプログラム講師
工藤陽介	（くどう・ようすけ）	明星大学ユニバーサルデザインセンター コーディネーター
村田　淳	（むらた・じゅん）	京都大学学生総合支援センター准教授／障害学生支援ルームチーフコーディネーター
西村優紀美	（にしむら・ゆきみ）	富山大学教育・学生支援機構 学生支援センター副センター長
水野　薫	（みずの・かおる）	富山県総合教育センター高等学校 巡回指導員
福田真也	（ふくだ・しんや）	あつぎ心療クリニック・リワーク担当医師／明治大学・成蹊大学学生相談室相談員
丸田伯子	（まるた・のりこ）	一橋大学保健センター教授
坂野尚美	（ばんの・なおみ）	名古屋大学 理学系学生相談室 客員教授

■ 監修者紹介

柘植雅義（つげ・まさよし）

　筑波大学人間系障害科学域教授。愛知教育大学大学院修士課程修了，筑波大学大学院修士課程修了，筑波大学より博士（教育学）。国立特殊教育総合研究所研究室長，カリフォルニア大学ロサンゼルス校(UCLA)客員研究員，文部科学省特別支援教育調査官，兵庫教育大学大学院教授，国立特別支援教育総合研究所上席総括研究員・教育情報部長・発達障害教育情報センター長を経て現職。主な著書に，『高等学校の特別支援教育Q&A』（共編，金子書房，2013），『教室の中の気質と学級づくり』（翻訳，金子書房，2010），『特別支援教育』（中央公論新社，2013）『はじめての特別支援教育』（編著，有斐閣，2010），『特別支援教育の新たな展開』（勁草書房，2008），『学習障害(LD)』（中央公論新社，2002）など多数。

■ 編著者紹介

高橋知音（たかはし・ともね）

　信州大学学術研究院（教育学系）教授。ジョージア大学大学院教育学研究科修了（Ph.D.）。信州大学講師，助教授，准教授を経て現職。専門は教育心理学，臨床心理学。日本LD学会理事，全国高等教育障害学生支援協議会理事，日本カウンセリング学会理事。日本学生支援機構障害学生修学支援実態調査／分析協力者会議委員，文部科学省「障がいのある学生の修学支援に関する検討会」委員。主な著書に，『発達障害のある人の大学進学－どう選ぶか　どう支えるか』（編著，金子書房），『発達障害のある大学生のキャンパスライフサポートブック』（単著，学研教育出版），『教職員のための障害学生修学支援ガイド』（分担執筆，日本学生支援機構），『ADHDコーチング－大学生活を成功に導く支援技法』（共同監訳，明石書店）など。

ハンディシリーズ 発達障害支援・特別支援教育ナビ
発達障害のある大学生への支援

2016年11月29日　初版第1刷発行　　　　　　　　　　　　［検印省略］
2017年11月28日　初版第2刷発行

監修者	柘植　雅義
編著者	高橋　知音
発行者	金子　紀子
発行所	株式会社　金子書房

〒112-0012　東京都文京区大塚3-3-7
TEL　03-3941-0111(代)
FAX　03-3941-0163
振替　00180-9-103376
URL　http://www.kanekoshobo.co.jp

印刷／藤原印刷株式会社　製本／株式会社宮製本所
装丁・デザイン・本文レイアウト／mammoth

© Tomone Takahashi, et al.,2016
ISBN978-4-7608-9548-9　C3311　Printed in Japan

金子書房の発達障害・特別支援教育関連書籍

●発達障害のある生徒、学生に関わる高校、大学の教職員、支援者、そして家族のために

発達障害のある人の大学進学
どう選ぶか　どう支えるか

高橋知音　編著
A5判・216頁　本体2,300円＋税

社会に出る前の進路の選択肢として、大学進学を意味あるものとするために、本人、家族、高校関係者、大学関係者は何ができるのか。進学、入試に向けて本人、家族、高校はどのような準備をすればよいか。受け入れる環境を整えるために大学教職員がどう行動していけばよいのか。現状とさまざまなケースの紹介など、発達障害のある人の大学進学に関する理解と支援を考える材料、手がかりが豊富にちりばめられている必携の一冊。

主な内容

- 第1章　大学進学前に知っておいてほしいこと
- 第2章　大学進学に向けた高校の取り組み
  ——全日制普通科に在籍する発達障害のある生徒たち
- 第3章　進学を目指す高校生への情報提供（1）
- 第4章　進学を目指す高校生への情報提供（2）
  ——富山大学の取り組み
- 第5章　大学入試センター試験における特別措置
- 第6章　入学決定から大学入学までの準備
- 第7章　発達障害のある大学生の入学直後の困難と支援
- 第8章　卒業後の自立につながる大学生活サクセスフルサポート
- 第9章　学生の立場から——進路選択と大学生活
- 第10章　家族の立場から
- 第11章　ディスレクシア　海を超える

K 金子書房

子どもの特性や持ち味を理解し、将来を見据えた支援につなぐ

発達障害のある子の自立に向けた支援
——小・中学生の時期に、本当に必要な支援とは？

萩原　拓　編著　　　A5判・184頁　本体1,800円＋税

通常学級にいる発達障害のある子どもが、将来社会に出て困らないための理解や支援のあり方を紹介。学校でできる支援、就労準備支援、思春期・青年期に必要な支援などを、発達障害支援・特別支援教育の第一線で活躍する支援者・研究者・当事者たちが執筆。好評を得た「児童心理」2013年12月号臨時増刊の書籍化。

CONTENTS

- 第1章　総論・発達障害のある子の将来の自立を見据えた支援とは
- 第2章　発達障害の基礎知識・最新情報
- 第3章　支援のために知っておきたいこと
  ——発達障害のある成人たちの現在
- 第4章　自立に向けて学校でできる支援
- 第5章　思春期・青年期における支援の実際
- 第6章　自立・就労に向けて
- 第7章　発達障害のある子の家族の理解と支援

金子書房の心理検査

自閉症スペクトラム障害（ASD）アセスメントのスタンダード

自閉症スペクトラム評価のための半構造化観察検査

ADOS-2 日本語版

導入ワークショップ開催！

C. Lord, M. Rutter, P.C. DiLavore, S. Risi, K. Gotham, S.L. Bishop, R.J. Luyster, & W. Guthrie　原著

監修・監訳：黒田美保・稲田尚子

［価格・詳細は金子書房ホームページをご覧ください］

検査用具や質問項目を用いて、ASDの評価に関連する行動を観察するアセスメント。発話のない乳幼児から、知的な遅れのない高機能のASD成人までを対象に、年齢と言語水準別の5つのモジュールで結果を数量的に段階評価できます。DSMに対応しています。

〈写真はイメージです〉

自閉症診断のための半構造化面接ツール

ADI-R 日本語版

■対象年齢：精神年齢2歳0カ月以上

Ann Le Couteur, M.B.B.S., Catherine Lord, Ph.D., & Michael Rutter, M.D.,F.R.S.　原著

ADI-R 日本語版研究会　監訳
［土屋賢治・黒田美保・稲田尚子　マニュアル監修］

- プロトコル・アルゴリズム
  （面接プロトコル1部、包括的アルゴリズム用紙1部）…本体 2,000円＋税
- マニュアル　　　　　　　　　　　　　　　　　本体 7,500円＋税

臨床用ワークショップも開催しております。

ASD関連の症状を評価するスクリーニング質問紙

SCQ 日本語版

■対象年齢：暦年齢4歳0カ月以上、精神年齢2歳0カ月以上

Michael Rutter, M.D., F.R.S., Anthony Bailey, M.D., Sibel Kazak Berument, Ph.D., Catherine Lord, Ph.D., & Andrew Pickles, Ph.D.　原著

黒田美保・稲田尚子・内山登紀夫　監訳

- 検査用紙「誕生から今まで」（20名分1組）………本体 5,400円＋税
- 検査用紙「現在」（20名分1組）………………………本体 5,400円＋税
- マニュアル…………………………………………本体 3,500円＋税

※上記は一定の要件を満たしている方が購入・実施できます。
詳細は金子書房ホームページ（http://www.kanekoshobo.co.jp）でご確認ください。

金子書房

ハンディシリーズ
発達障害支援・特別支援教育ナビ

柘植雅義 ◎監修

既刊

ユニバーサルデザインの視点を活かした指導と学級づくり
柘植雅義 編著

定価 本体1,300円＋税／A5判・104ページ

発達障害の「本当の理解」とは
—— 医学, 心理, 教育, 当事者, それぞれの視点
市川宏伸 編著

定価 本体1,300円＋税／A5判・112ページ

これからの発達障害のアセスメント
—— 支援の一歩となるために
黒田美保 編著

定価 本体1,300円＋税／A5判・108ページ

発達障害のある人の就労支援
梅永雄二 編著

定価 本体1,300円＋税／A5判・104ページ

発達障害の早期発見・早期療育・親支援
本田秀夫 編著

定価 本体1,300円＋税／A5判・114ページ

学校でのICT利用による読み書き支援
—— 合理的配慮のための具体的な実践
近藤武夫 編著

定価 本体1,300円＋税／A5判・112ページ

発達障害のある子の社会性とコミュニケーションの支援
藤野 博 編著

定価 本体1,300円＋税／A5判・112ページ

発達障害のある大学生への支援
高橋知音 編著

定価 本体1,300円＋税／A5判・112ページ

発達障害の子を育てる親の気持ちと向き合う
中川信子 編著

定価 本体1,300円＋税／A5判・112ページ

発達障害のある子／ない子の学校適応・不登校対応
小野昌彦 編著

定価 本体1,300円＋税／A5判・112ページ

―― **ハンディシリーズ・続刊決定！** ――

取り上げるテーマ(予定)：発達障害のある子に対する2E教育／特別支援教育とアクティブ・ラーニング／発達障害といじめ／など

※続刊の第1弾は、2017年秋刊行予定です。